Storici e storiche nell'Italia unita.
Le autobiografie

6

Collana a cura di Andrea Giardina
Roberto Pertici e Edoardo Tortarolo

Giunta centrale per gli studi storici

Leonardo Rapone

Gastone Manacorda

viella

Prima edizione: aprile 2023
ISBN 979-12-5469-348-3

In copertina: parole da una lettera di Gaetano De Sanctis a Karl Julius Beloch, Roma, 5 luglio 1889. Istituto italiano per la storia antica, Fondo Gaetano De Sanctis.

Idea grafica: Ariane Zuppante

Indice

1. *Una biografia legata alle grandi crisi politiche*

Gastone Manacorda: una persona che «sapeva moltissimo e scriveva relativamente poco». Così lo ricorda Salvatore Lupo,[1] che all'Università di Catania fu suo allievo; anzi «scolaro», per dirla con un termine che Manacorda amava per quel suo riferimento al rapporto diretto e continuativo tra maestro e discente all'interno di un sodalizio non solo culturale, ma anche umano.

In effetti, il contributo di Manacorda allo sviluppo e all'organizzazione degli studi storici non

1. Salvatore Lupo, *Fascismo meridionale, fascismo italiano*, in *Gli storici si raccontano. Tre generazioni tra revisioni e revisionismi*, a cura di Angelo d'Orsi con la collaborazione di Filomena Pompa, Roma, Manifestolibri, 2005, p. 211.

potrebbe essere inteso appieno qualora si considerasse solamente il numero dei lavori a sua firma, l'intensità della sua produzione di libri e saggi. Sebbene tutti i suoi articoli e i suoi libri abbiano consentito decisivi passi in avanti negli ambiti di ricerca da lui coltivati – mi riferisco alle origini storiche del movimento operaio in Italia, all'incidenza del socialismo nella storia italiana, all'Italia di fine Ottocento, all'azione in quel contesto di crisi di personalità come Crispi, Giolitti, Sonnino, Pelloux – e benché questi suoi studi rappresentino ancora dei punti di riferimento obbligati per chiunque voglia tornare su quei temi, si tratta comunque di un insieme di lavori numericamente non vastissimo, che oggi, quando i criteri di valutazione quantitativi tendono a sovrastare i giudizi sulla qualità, potrebbe anche suscitare qualche sospetto di pigrizia.

Manacorda ha però rappresentato anche molto altro. È stato un grande organizzatore di cultura, legando il suo nome a due imprese editoriali che occupano un posto di rilievo nel panorama culturale italiano dei primi decenni post-bellici, e non solo nella politica culturale del Partito comunista – mi riferisco alle due riviste da lui dirette:

«Società» e «Studi Storici». Ed è stato un maestro di metodo storico, non in astratto, non sul piano delle enunciazioni teoriche, ma attraverso l'esercizio concreto della critica storiografica, discutendo delle tendenze storiografiche del suo tempo e dedicando gran parte del suo impegno a scrivere recensioni, un'attività che ha svolto costantemente, manifestando sin dall'immediato dopoguerra una spiccata predilezione per questa forma di intervento nel dibattito scientifico.[2]

Come collegare questa premessa al canovaccio previsto per queste conversazioni dalla Giunta Centrale per gli Studi Storici e al quale mi atterrò nelle pagine a seguire? Come si collega, in particolare, alla questione delle fonti su cui è possibile basare la ricomposizione virtuale di un'autobiografia di Manacorda?

Manacorda, che «scriveva relativamente poco», non ha lasciato diari o ricostruzioni sistematiche della propria esperienza umana e intellettuale. Ne

2. Mi permetto di rinviare per questo aspetto della sua operosità scientifica a Leonardo Rapone, *Gastone Manacorda critico della storiografia*, in «Studi Storici», XLIV, 3-4 (2003), pp. 593-648.

ha però rievocato alcuni momenti salienti in scritti di carattere memorialistico ed ha anche disseminato tracce autobiografiche in articoli scientifici oltre che in alcuni interventi più di occasione. Inoltre, data l'importanza delle iniziative culturali che egli contribuì a promuovere e vista la tipicità della sua declinazione del nesso tra politica e storiografia, tra la passione ideale dello storico e i suoi doveri professionali, nell'ultima parte della sua vita è stato considerato da studiosi di generazioni più giovani come una fonte da interrogare per trarre informazioni e giudizi preziosi, utili alla comprensione degli aspetti del clima culturale italiano del post-fascismo e del primo ventennio repubblicano: di qui alcune interviste, condotte con serietà e competenza non da giornalisti, ma da studiosi di storia, o richieste di testimonianze, da cui son giunte risposte dai risvolti inevitabilmente autobiografici. Quindi, il materiale da cui attingere non manca.

Data la particolare curvatura dell'itinerario intellettuale di Manacorda e il rilievo che vi ha, come ho già accennato, il rapporto tra una determinata concezione generale del mondo – nel suo caso il marxismo, il comunismo – e quella che lui chiamava la «ricerca obiettiva del vero» da parte dello storico, la prima questione da porre in evidenza è relativa al modo in cui ha preso forma il suo orientamento ideale, anche perché nel suo caso la scelta di un particolare indirizzo politico-ideale non solo ha preceduto il sorgere della vera e propria attività storiografica, ma è stato il fattore decisivo che lo ha poi spinto verso lo studio della storia. Comincerò dunque con un'intervista fattagli da Alberto Caracciolo, che la pubblicò nel 1988 col titolo *Bilancio di uno storico*.[3] Qui Manacorda proponeva due considerazioni di carattere generale. Faceva rilevare, innanzitutto, quanto la sua vita e le sue scelte fossero state condizionate dal contesto storico generale e in particolare dalle crisi politiche della nazione italiana:

3. *Bilancio di uno storico*, a cura di Alberto Caracciolo, in «Dimensioni e problemi della ricerca storica», 1 (1988), pp. 5-24 (poi in Gastone Manacorda, *Il movimento reale e la coscienza inquieta. L'Italia liberale e il socialismo e altri scritti tra storia e memoria*, a cura di Claudio Natoli, Leonardo Rapone, Bruno Tobia, Milano, FrancoAngeli, 1992, pp. 255-273, da cui qui si cita). Estratti da questo testo figurano nell'appendice.

> Tutta la mia biografia culturale è legata alle grandi crisi politiche, non perché io vi abbia avuto una parte di rilievo, ma perché in qualche modo ne ho subito le conseguenze e le influenze.[4]

Osservava poi quanto la sua biografia non avesse alcun carattere di esemplarità, non fosse «la biografia classica del professore», e non potesse essere portata a modello di carriera accademica, nel senso comune dell'espressione.[5]

2. *Dall'educazione fascista all'antifascismo*

Manacorda era nato a Roma nel 1916, e quindi nel ripensare al suo passato il tema che subito emergeva era quello del ventennio fascista. Il fascismo rappresentava l'ambiente nel quale era cresciuto, senza nessuna idea di quella che potesse essere stata la realtà prima del suo avvento. L'Opera nazionale balilla, il Gruppo universitario fascista, la tessera del partito avevano scandito con naturalezza la sua crescita, dall'infanzia all'adolescenza e, da

4. Ivi, p. 269.
5. *Ibidem.*

qui, alla giovinezza. Riconosceva perciò come il suo passaggio dall'educazione fascista all'antifascismo non fosse stato né lineare né facile, anche perché gli era mancato quell'antidoto, quella protezione dall'influenza del fascismo che ad altri suoi coetanei era stata fornita da un ambiente familiare in grado di trasmettere valori alternativi a quelli dominanti. Il padre, Giuseppe Manacorda, insegnante nei licei e titolare anche di libera docenza per i suoi studi di letteratura italiana e di storia della scuola, era stato iscritto al Partito socialista, ma era morto di febbre spagnola quando il figlio aveva appena quattro anni, senza poter quindi esercitare un ascendente sulla sua formazione. Sulla famiglia si proiettava invece l'ombra incombente e inquietante dello zio, Guido Manacorda, eminente germanista, molto presente sulla scena pubblica, esponente di punta di una intellighenzia cattolica lanciatasi verso l'incontro con il fascismo, il quale più tardi intrattenne rapporti personali anche con Hitler.

Dagli amici del padre con cui la famiglia era rimasta in rapporto Manacorda ricorda di aver percepito accenti critici verso il regime e attribuisce anche a questa loro frequentazione il fatto che la sua adesione al fascismo sia rimasta di tipo convenzionale, senza una convinta immedesimazione; ma nulla più. Di questi amici paterni Manacorda menziona in particolare Fortunato Pintor, direttore della biblioteca del Senato, dimessosi dalla carica nel 1928 per il disagio causatogli dalla fascistizzazione della Camera alta. Una figura importante, quella di Fortunato Pintor, nella rete di relazioni tra famiglie di ispirazione non fascista che nella Roma degli anni Venti e Trenta consentì una trasmissione intergenerazionale di sentimenti distaccati dal regime: una rete, però, di cui Manacorda non sembra essere stato partecipe. Per lo meno questo è quanto ricaviamo da una testimonianza da lui resa a Maria Cecilia Calabri, la biografa di Giaime Pintor, il nipote di Fortunato, che a Roma aveva vissuto dalla fine del 1935 proprio in casa dello zio. Manacorda ricorda di aver stretto una solida amicizia con Giaime, di tre anni più giovane di lui, solo nei primi anni Quaranta, e non a Roma, ma a Perugia, dove Pintor prestava servizio militare, mentre Manacorda iniziava la sua attività di insegnante di scuola superiore.[6]

6. La testimonianza figura nell'appendice, curata da Maria Cecilia Calabri, a *Giaime Pintor e la sua generazione*, a cura di Giovanni Falaschi, Roma, Manifestolibri, 2005, p. 313.

Il fascismo rappresentò dunque fino agli anni dell'università l'orizzonte di Manacorda, che non nascondeva di averne subito la suggestione, almeno in una certa congiuntura.

> Alla guerra d'Etiopia – dichiarò nell'intervista a Caracciolo – io ci ho creduto, cioè ho creduto all'impostazione fascista della guerra, ho creduto all'impero italiano come legittima contrapposizione all'impero inglese e all'imperialismo delle altre nazioni.[7]

In seguito, nella sua attività di studio e di ricerca, Manacorda non ha mai affrontato direttamente il tema del fascismo; lo ha però toccato incidentalmente in diverse occasioni, insistendo più volte sulla capacità del fascismo di fare presa sui giovani, e in particolare sulla gioventù colta, attraverso un'opera di seduzione demagogica.

> La demagogia si esercitò soprattutto sui giovani e sui ceti medi e piccolo-borghesi. Costoro furono non i responsabili, ma le vittime del fascismo trascinati a condividerne le responsabilità.[8]

7. *Bilancio di uno storico*, p. 257.

8. Gastone Manacorda, *Classe politica e classi sociali*, in «Risorgimento», 25 agosto 1945, pp. 387-394: p. 392.

Mussolini era stato

> un demagogo di qualità straordinarie. E dicendo «demagogo» non do al termine un'accezione meramente volgare, come di uomo che sapesse trascinare le folle incolte; no, Mussolini esercitò la sua attrattiva anche verso gruppi intellettuali, i quali non è detto che siano insensibili alla demagogia politica.[9]

Sono giudizi che lasciano intravedere tra le righe la sua esperienza giovanile, la fascinazione da cui, almeno in alcuni momenti, anche lui era stato folgorato.

I primi passi verso una nuova direzione Manacorda li riconduce agli anni della guerra di Spagna e dell'approssimarsi del nuovo conflitto mondiale, indicando come punto di avvio di questa transizione la presa di contatto con un gruppo di studenti che all'Università di Roma si raccoglieva attorno a Mario Alicata. La spinta – ricorda – gli venne dal

9. Gastone Manacorda, recensione a Renzo De Felice, *Mussolini il rivoluzionario*, in «Studi Storici», VI, 2 (1965), pp. 369-376 (poi, con il titolo *Mussolini il rivoluzionario*, in Id., *Storiografia e socialismo. Saggi e note critiche*, Padova, Liviana, 1967, pp. 299-310, da cui si cita: p. 302).

fratello, Paolo Emilio (che cadrà nel 1942 in Erzegovina), il quale, già introdotto in quell'ambiente, un giorno gli fece capire che per smarcarsi dal fascismo «le barzellette non servivano a niente e che si poteva fare qualcosa di meglio».[10] Il gruppo di Alicata era composto da giovani che, per riprendere la metafora resa celebre da Ruggero Zangrandi, stavano compiendo quel «lungo viaggio attraverso il fascismo» che li avrebbe condotti su una ben diversa sponda. Alicata, dopo la guerra, sarà infatti uno dei maggiori dirigenti del Partito comunista e tra gli artefici della sua politica culturale. Negli anni a cui si riferisce Manacorda, tuttavia, il gruppo studentesco di Alicata non aveva ancora una chiara connotazione politica antifascista. Alicata stesso era il capo del Guf della Facoltà di Lettere dell'Università di Roma e conduceva una critica e una polemica di tipo essenzialmente culturale all'interno dell'associazionismo giovanile fascista e sulle colonne della stampa autorizzata.

10. Da una lettera di Gastone Manacorda a Delio Cantimori, 20 gennaio 1958, in Delio Cantimori, Gastone Manacorda, *Amici per la storia. Lettere 1942-1966*, a cura di Albertina Vittoria, Roma, Carocci, 2013, p. 369 («Annali della Fondazione Istituto Gramsci», vol. XVIII).

Dobbiamo però considerare come in quel periodo i confini tra i gruppi più vivaci e anticonformisti della gioventù universitaria romana fossero porosi, l'ambiente magmatico, le posizioni non ancora consolidate. Il comune interesse per discussioni di carattere culturale fuori dai canoni dell'ufficialità – sulla letteratura, sull'arte, sul cinema, sulla musica – creava una circolarità e occasioni di incontro tra giovani che ancora si muovevano nel perimetro del fascismo e altri che già si sentivano antifascisti o addirittura avevano iniziato a tessere rapporti clandestini e cospirativi in collegamento con l'organizzazione comunista in esilio. Fu così che Manacorda venne per la prima volta a contatto con l'antifascismo e con il comunismo, e nello stesso tempo sentì sorgere nuovi interessi culturali. Del resto, nel corso del 1939, il gruppo di Alicata assunse una caratterizzazione politica antifascista e cominciò a orientarsi verso il Partito comunista.[11]

Nell'intervista rilasciata a Caracciolo Manacorda sostiene di essere rimasto attratto dai do-

11. Cfr. Claudio Natoli, *Mario Alicata dal «lungo viaggio» attraverso il fascismo all'incontro con il Pci*, in «Studi Storici», LXIII, 3 (2022), pp. 523-551.

cumenti politici comunisti che circolavano clandestinamente, perché vi trovava «una risposta convincente pur nella sua sommarietà» al quesito di fondo che lo intrigava: cioè, che cosa fosse il fascismo. Nel suo racconto, però, fa risalire l'adesione definitiva al comunismo a un momento ancora successivo e richiama l'influenza determinante che ebbe su di lui un libro in particolare, la *Storia della rivoluzione russa* di Trockij, che ricorda di aver letto nell'estate del 1941. «Paradossalmente – riconosce Manacorda – fu la lettura di Trockij a condurmi dalla parte dell'Unione sovietica così come era, cioè dalla parte di Stalin».[12] Le date qui sono importanti. Il libro circolava liberamente in Italia già da alcuni anni:[13] è significativo come l'impulso a prenderlo in mano sia venuto a Manacorda in quel momento particolare – estate 1941 –, cioè dopo che l'attacco della Germania all'Unione Sovietica aveva posto fine alla collocazione a dir poco ambigua dell'Urss sulla scena internazionale

12. *Bilancio di uno storico*, p. 258.

13. Uscì in tre volumi, pubblicati fra il 1936 e il 1938 dall'editore Treves; ripubblicati poi nel 1939 sotto la nuova insegna editoriale di Garzanti.

in conseguenza del patto Ribbentrop-Molotov del 1939: un evento che aveva sortito l'effetto di una doccia fredda sui gruppi di giovani antifascisti in avvicinamento al comunismo, disorientandoli e lasciandoli come in *surplace* per quasi due anni.

Una parte di quel biennio Manacorda lo aveva trascorso a Perugia come professore di storia e filosofia presso l'Istituto magistrale. Su questo periodo della sua vita apre uno squarcio un suo saggio del 1995, che è stata la sua ultima pubblicazione. Vi tratteggia la figura di un insegnante antifascista che conobbe ed ebbe come collega a Perugia, il suo nome era Giuseppe Granata, e da qui prende spunto per ragionare attorno al nicodemismo che tanti docenti antifascisti assunsero come codice di comportamento nella scuola fascistizzata.[14] Il saggio contiene alcuni riferimenti al contesto antifascista perugino, dominato dalla figura di Aldo Capitini.[15] Manacorda accen-

14. Gastone Manacorda, *Storia di un antifascista. Giuseppe Granata*, in «Studi Storici», XXXVI, 3 (1995), pp. 641-679.

15. Sull'ambiente antifascista perugino cfr. Walter Binni, *L'antifascismo a Perugia prima della Resistenza*, (1975), in Id., *La tramontana a Porta Sole. Scritti perugini*

na anche alla sua partecipazione a una iniziativa promossa proprio da Capitini – la costituzione a Perugia di una sezione del Reale Istituto di studi filosofici – che, presentata ufficialmente come attività di carattere culturale, offrì in realtà occasioni di incontro e di discussione tra intellettuali di sentimenti antifascisti.[16] La circostanza ha un certo rilievo anche al di là della biografia di Manacorda, perché conferma quello che emerge pure da altri casi, e cioè che nello scompiglio causato dal patto tedesco-sovietico, la paralisi dell'azione comunista spinse diversi giovani avvicinatisi al

e umbri 1942-1997, Firenze, Il Ponte Editore, 2017, pp. 151-157.

16. Sull'attività della sezione cfr. *Filosofi nel dissenso. Il «Reale Istituto di Studi Filosofici» a Perugia dal 1941 al 1943*, a cura di Edoardo Mirri e Lino Conti, Foligno, Editoriale umbra, 1986 (qui alle pp. 138-141 anche il testo di una comunicazione presentata da Manacorda a una seduta della sezione, il 25 aprile 1942, a proposito di una precedente conferenza di Norberto Bobbio su *Il valore del diritto*). Si veda anche Aldo Capitini, *Antifascismo tra i giovani*, Trapani, Celebes, 1966, pp. 111-112, 217-218, ed Ermanno Ciocca, *L'archivio della sezione perugina del Reale Istituto di Studi Filosofici (1940-1943)*, in «Bollettino dell'Istituto Storico Artistico Orvietano», 42-43 (1986), pp. 373-386.

comunismo solamente da poco tempo ad allacciare un rapporto e ad avviare un confronto con gli ambienti liberalsocialisti, che tra il 1940 e il 1941 tenevano viva una trama di relazioni clandestine di inequivocabile orientamento antifascista. Poi, l'invasione tedesca dell'Urss rimise in un certo senso le cose a posto, e i comunisti, vecchi e nuovi, ripresero posto nel fronte antifascista sotto la propria insegna.

Dalle testimonianze autobiografiche di Manacorda affiorano solo pochi ricordi della sua partecipazione all'azione della Resistenza. Uno di questi ricordi si riferisce al periodo in cui si trovava con la famiglia a Treviso, dove era stato richiamato alle armi e dove era in servizio come ufficiale di complemento al momento della caduta di Mussolini.[17] Racconta di essere stato lui l'autore di un volantino che, approvato dagli esponenti di tutte le correnti antifasciste, fu diffuso nelle caserme all'indomani del 25 luglio per esortare i soldati a disattendere le disposizioni impartite

17. La testimonianza di Manacorda è in *Ettore Luccini. Umanità, cultura, politica*, Vicenza, Neri Pozza, 1984, pp. 79-82.

dal Capo di Stato maggiore generale Roatta, a non sparare cioè sul popolo sceso nelle strade e a volgere invece le armi contro i responsabili della guerra. Quel volantino portò all'arresto, per incitamento alla sedizione, di alcuni comunisti trevigiani, che – riconosce Manacorda – si comportarono «molto bene», cioè non fecero il suo nome e si accollarono ogni responsabilità, consentendo a lui e a sua moglie, che aveva corso anche lei un brutto rischio, di uscire indenni dalla vicenda.[18]

A Treviso rammenta anche di aver conosciuto lo scrittore Giovanni Comisso, che lì appunto viveva. Questo spiegherebbe una circostanza apparentemente curiosa, e cioè il fatto che nell'agosto del 1943 un articolo di Manacorda sia comparso su «Primato», nell'unico fascicolo della famo-

18. La vicenda era stata rievocata anni prima da un comandante partigiano del Veneto in un dattiloscritto di memorie rimasto inedito, noto però a Manacorda a cui l'autore l'aveva inviato: Mario Prevedello, *Giornate badogliane*, pp. 172-173 (il dattiloscritto, datato 1967, è conservato a Padova nell'archivio del Centro di ateneo per la storia della Resistenza e dell'età contemporanea). Un cenno era anche in Ives Bizzi, *Il cammino di un popolo. Antifascismo e Resistenza dal Brenta al Tagliamento*, vol. I. *1924-1944*, Treviso, Giacobino, 1975, pp. 52-54.

sa rivista di Bottai pubblicato dopo la caduta di Mussolini, che fu anche in assoluto l'ultimo nella storia del periodico.[19] In quell'articolo Manacorda dialogava con un precedente intervento, proprio di Comisso, sul rapporto fra arte e sentimento, e si può presumere che sia stato lo stesso Comisso a fare da tramite tra Manacorda e «Primato». Si tratta dell'unica apparizione di Manacorda sulle pagine di «Primato», a cui invece in precedenza, come si sa, avevano collaborato con regolarità altri giovani intellettuali da poco aderenti al comunismo – Alicata, Guttuso, Muscetta e altri – i quali attraverso la rivista di Bottai avevano continuato a segnare una propria presenza nel dibattito culturale del Paese anche dopo essersi idealmente distaccati dal fascismo.

Anni dopo, in una rievocazione dell'antifascismo di Giaime Pintor, Manacorda, a proposito della collaborazione di Pintor a «Primato», scrisse: «Nell'equivoco erano coloro che ospitavano sulle loro riviste quegli scritti e non coloro che vi

19. Gastone Manacorda, *Per un'arte umana*, in «Primato. Lettere e arti d'Italia», IV, 16-17 (1943), p. 280 (il fascicolo porta la data 1°-15 agosto 1943).

scrivevano».[20] È un giudizio da leggere anche in chiave autobiografica. Anzi, se pensiamo alle polemiche storiografiche attorno alla rivista di Bottai e sul senso da attribuire alla collaborazione dei giovani intellettuali comunisti a quelle pagine – che stando a una certa tesi sarebbe indice di un rapporto ancora non risolto con il fascismo e di una persistente subalternità ideologica al regime, e quindi di una redenzione ancora di là da venire[21] – si può osservare come l'articolo di Manacorda, concepito e scritto a Treviso a ridosso della compilazione del volantino "sedizioso" che stava per condurre il suo autore dinanzi alla corte marziale, offra la dimostrazione plastica di come i due piani, l'intervento di carattere culturale e l'antifascismo, nella realtà potessero coesistere.[22] Del resto, stando ai

20. Gastone Manacorda, recensione a Giaime Pintor, *Il sangue d'Europa (1939-1943)*, in «Società», VI, 1 (1950), pp. 174-178; poi, con il titolo *L'antifascismo di Giaime Pintor*, in Id., *Storiografia e socialismo*, pp. 331-336, da cui si cita: p. 334.

21. Si veda in particolare Mirella Serri, *I redenti. Gli intellettuali che vissero due volte, 1938-1948*, Milano, Corbaccio, 2005.

22. Ho trattato questo aspetto in uno scritto dal titolo *L'arte, il sentimento e un volantino sedizioso*, contributo a un

suoi ricordi,[23] fu ugualmente nei mesi di servizio di guerra a Treviso che Manacorda scrisse l'introduzione alla buonarrotiana *Conspiration pour l'égalité*, da lui stesso tradotta per la prima volta in italiano: il suo primo lavoro scientifico, che avrebbe visto la luce solo al termine del conflitto, nel 1946, ma le cui origini negli anni della guerra testimoniano un interesse non casuale già a quella data per la storia del pensiero sociale.[24]

Manacorda non si è mai soffermato sulla sua partecipazione dopo l'8 settembre alla Resistenza romana, nella quale ebbe incarichi di responsabilità come componente del comitato direttivo politico-militare di una delle otto zone (la quarta, per la precisione, corrispondente ai rioni del centro) in cui l'organizzazione cospirativa del PCI suddivise la capitale occupata.[25] Una riserva-

volume a più voci in corso di stampa per i tipi di FrancoAngeli.

23. *Bilancio di uno storico*, p. 263.

24. Filippo Buonarroti, *Congiura per l'eguaglianza o di Babeuf*, traduzione e introduzione di Gastone Manacorda, Torino, Einaudi, 1946.

25. Cfr. Antonello Trombadori, *Dalla fondazione del Partito alla lotta contro il fascismo, alla liberazione di Roma*

tezza, la sua, analoga a quella di cui ha sempre dato prova nel parlare di sé in relazione al tempo dell'occupazione tedesca un altro giovane romano impegnato nell'azione cospirativa e a lui molto vicino in quei mesi: Franco Della Peruta, destinato anch'egli a diventare storico di vaglia.[26] Dalla penna di Manacorda è uscita solo la rievocazione di alcune giornate vissute dalla città, redatta però con occhi quasi più da spettatore che da protagonista: quella del 12 marzo 1944 – alla metà del mese più drammatico della Roma occu-

(1921-1944), in *Il Partito comunista a Roma dalla fondazione al 1976*, Roma, Salemi, 1984, pp. 31-32. Ricorda un episodio con Manacorda protagonista Gianni Toti, in una testimonianza raccolta in Cesare De Simone, *Roma città prigioniera: i 271 giorni dell'occupazione nazista 8 settembre '43 - 4 giugno '44*, Milano, Mursia, 1994, p. 215. Su un aspetto dell'attività di Manacorda, nella Roma però già liberata, si sofferma Annabella Gioia, *I bambini, i maestri e la città: lo sguardo di Gastone Manacorda sulla Roma del 1944*, in *Politiche di occupazione dell'Italia fascista*, Milano, FrancoAngeli, 2008, pp. 117-121.

26. Nota l'analogia Giorgio Bigatti, *Franco Della Peruta, «l'uomo del movimento operaio»*, in *La Biblioteca-Istituto Feltrinelli. Progetto e storia*, a cura di Giuseppe Berta e Giorgio Bigatti, Milano Feltrinelli, 2016, p. 170 («Annali della Fondazione Feltrinelli», vol. L).

pata, apertosi con l'uccisione di Teresa Gullace in Viale Giulio Cesare e culminato tragicamente alle Fosse Ardeatine – quando gruppi di antifascisti mescolati alla folla accorsa in piazza San Pietro per il quinto anniversario dell'elezione di Pio XII lanciarono grida contro tedeschi e fascisti, provocando la reazione della Guardia repubblicana;[27] e quella del 16 aprile successivo, quando un rito religioso nella basilica di Santa Maria Maggiore in suffragio degli insegnanti caduti alle Fosse Ardeatine fornì l'occasione di una protesta antinazista, che soldati italiani rimasti dopo l'8 settembre fedeli ai tedeschi cercarono di contrastare operando degli arresti, sventati dall'intervento armato dei partigiani.[28]

27. Cfr. Enzo Piscitelli, *Storia della Resistenza romana*, Bari, Laterza, 1965, pp. 284-291; Carla Capponi, *Con cuore di donna*, Milano, Il Saggiatore, 2000, pp. 212-214. La rievocazione di Manacorda, *San Pietro, 12 marzo 1944*, manoscritto risalente al 1945 e rimasto allora inedito, è stata pubblicata in «Studi Storici», XLIV, 3-4 (2003), pp. 1013-1015.

28. Cfr. Giorgio Caputo, *La Resistenza della scuola romana*, in «Il movimento di liberazione in Italia», 67 (1962), pp. 26-28; Capponi, *Con cuore di donna*, pp. 247-248; le testimonianze di Alfredo Reichlin e di Maurizio Ferrara in

3. *Il sodalizio con Cantimori*

Manacorda è esplicito invece nel mettere a fuoco la scelta che si trovò a dover compiere qualche tempo dopo la Liberazione tra diventare quadro politico a tempo pieno, come lo sollecitavano – ricorda – i comunisti più anziani, «quelli rientrati dall'esilio»,[29] o dedicarsi agli studi: scelse la seconda via, che sentiva più rispondente alla sua vera vocazione, limitando l'impegno con il partito al campo della politica culturale e in particolare dell'editoria (il rapporto con Casa Einaudi, le edizioni Rinascita).[30] A proposito della scelta di

De Simone, *Roma città prigioniera*, pp. 206 e 226. Il ricordo di Manacorda, *16 aprile a S. M. Maggiore*, apparve in «La Voce della scuola», 16 dicembre 1944, p. 3.

29. *Bilancio di uno storico*, p. 261.

30. Su Manacorda collaboratore dell'Einaudi e direttore delle edizioni Rinascita cfr. *ad nomen* Luisa Mangoni, *Pensare i libri. La casa editrice Einaudi dagli anni trenta agli anni sessanta*, Torino, Bollati Boringhieri, 1999; Elisa Rogante, *Un libro per ogni compagno. Il Pci editore collettivo (1944-1956)*, Pisa, Pacini, 2021. In generale sul suo ruolo fino al 1956 negli organi di partito preposti alla politica culturale cfr. Albertina Vittoria, *Togliatti e gli intellettuali. La politica culturale dei comunisti italiani (1944-1964)*, Roma, Carocci, 2014, pp. 24-186.

volgersi agli studi, va ricordato che Manacorda, iscrittosi alla facoltà di Giurisprudenza, si era laureato in Filosofia del diritto, e che solamente sul finire degli anni universitari aveva avvertito una vocazione e un interesse per la storia, dopo aver inizialmente accarezzato l'idea di darsi alla carriera diplomatica, come apprendiamo da un accenno autobiografico in una sua lettera di diversi anni dopo.[31]

Nell'intervista rilasciata a Caracciolo, Manacorda si presenta come uno storico «autodidatta»[32] e racconta che a spingerlo verso la storia era stato il bisogno di comprendere il presente dell'Italia, cioè come la storia del suo Paese avesse virato in direzione del fascismo;[33] a ciò si aggiunse, una volta diventato comunista, la spinta a risalire ai primordi dell'ispirazione socialista e classista della politica (si è già detto dell'interesse per Buonarroti) e a indagare le origini e lo sviluppo del movimento operaio in Italia. Già si delineavano

31. In una lettera a Delio Cantimori del 6 ottobre 1954. Cfr. Cantimori, Manacorda, *Amici per la storia*, p. 192.

32. *Bilancio di uno storico*, p. 262.

33. Ivi, p. 256.

così i suoi due principali campi di ricerca: l'Italia liberale e il socialismo. Ma soprattutto a questo punto della sua vita entrò in gioco la figura che fu decisiva per il completamento della sua maturazione intellettuale e per il suo modo di intendere il mestiere di storico, cioè Delio Cantimori.

Il primo incontro con Cantimori (che tempo prima aveva avuto modo di conoscere all'Enciclopedia italiana il fratello di Gastone, il già ricordato Paolo Emilio)[34] era avvenuto a Roma sul finire del 1941, quando Manacorda lo aveva cercato per sottoporgli proprio l'idea di tradurre in italiano l'opera di Buonarroti sulla cospirazione babuvista.[35] Ne nacque, dopo la guerra, un'amicizia fortissima, fondata, oltre che sull'affetto, su una

34. Albertina Vittoria, *La «ricerca oggettiva»: il rapporto fra la politica e la cultura per Gastone Manacorda e Delio Cantimori*, introduzione a Cantimori, Manacorda, *Amici per la storia*, p. 14.

35. Nell'intervista a Caracciolo (p. 263) Mancorda fa risalire l'incontro al 1942; ma da una lettera di Manacorda a Pintor del 17 dicembre 1941 apprendiamo che a quella data il contatto già vi era stato e che Cantimori aveva subito manifestato interesse per il progetto sottopostogli (la lettera è citata da Maria Cecilia Calabri, *Il costante piacere di vivere. Vita di Giaime Pintor*, Torino, Utet, 2007, pp. 302-303).

solida stima reciproca, nonostante la differenza di status tra un personaggio come Cantimori, che già da tempo occupava una posizione di rilievo nella storiografia e in generale nel panorama culturale italiano, e un giovane meno che trentenne, che doveva ancora compiere i primi passi nel campo della ricerca. Cantimori, ha riconosciuto Manacorda,

> è stato l'unico storico che io possa considerare come mio maestro. Il suo rigore filologico, la ricchezza mai ostentata della sua cultura, il richiamo a leggere criticamente, a capire le cose nei loro termini obiettivi, a osservare con l'occhio dello storico anche la realtà del nostro tempo: tutto questo fu per me scuola, senza alcuna formalità scolastica.[36]

Che cosa ci dicono queste parole? Che cosa intendeva Manacorda quando si riconosceva discepolo di Cantimori? Manacorda non seguì le linee di ricerca più tipiche di Cantimori: né quelle che lo storico romagnolo aveva già cominciato a tracciare negli anni Trenta – gli eretici, i riformatori, la storia della vita religiosa – né quelle battute negli anni Cinquanta – i giacobini. A ispirare Manacor-

36. *Bilancio di uno storico*, pp. 263-264.

da e a fargli da guida è invece una lezione di tipo metodologico. Al metodo di Cantimori, alla sua concezione del lavoro storiografico, Manacorda ha dedicato diversi scritti nei quali di fatto parla anche di sé stesso, nella misura in cui la sua lettura di Cantimori e la conseguente interpretazione del magistero cantimoriano delineano il modello che nella sua attività si era proposto di seguire. Il carattere almeno in parte anche autobiografico di questi scritti è poi rafforzato dai tanti riferimenti a esperienze condivise, a momenti di discussione e di confronto nel corso degli anni tra lui e Cantimori.

E a conferma della valenza anche autobiografica della riflessione sul metodo cantimoriano sta pure il fatto che nei suoi ultimi anni di vita attiva Manacorda aveva incominciato la raccolta, in vista di una futura pubblicazione, del fitto carteggio intrattenuto con Cantimori durante un quarto di secolo, nella convinzione che quelle lettere potessero far meglio comprendere le vicende della storiografia di ispirazione marxista e politicamente gravitante attorno al PCI nei primi decenni repubblicani:[37] un progetto rimasto incompiuto,

37. Cfr. Gastone Manacorda, *Lo storico e la politica. Delio Cantimori e il partito comunista*, in *Storia e storio-*

poi ripreso da Albertina Vittoria, che nel 2013 ha pubblicato il carteggio Cantimori-Manacorda con il titolo *Amici per la storia*.[38]

Vedremo più avanti come da quelle lettere sia possibile ricavare anche delle tracce autobiografiche; qui però se ne può già prendere una come riferimento, perché fa luce su di una vicenda certamente minore, ma non del tutto insignificante della storiografia italiana dell'immediato secondo dopoguerra, di cui Manacorda fu partecipe e che rappresentò probabilmente per lui la prima occasione di contatto con alcuni dei maggiori esponenti della disciplina che anch'egli si apprestava a coltivare. La vicenda è quella relativa al ventilato passaggio all'editore Einaudi della «Rivista storica italiana» allorché questa si accinse a riprendere le pubblicazioni dopo l'interruzione degli anni

grafia. Studi su Delio Cantimori. Atti del convegno tenuto a Russi (Ravenna) il 7-8 ottobre 1978, a cura di Bruno Bandini, Roma, Editori Riuniti, 1979, pp. 61-109 (poi in Id., *Il movimento reale e la coscienza inquieta*, pp. 209-247, da cui più avanti si cita).

38. Cantimori, Manacorda, *Amici per la storia*. Il volume è accompagnato dal perspicuo saggio introduttivo della curatrice Vittoria, *La «ricerca oggettiva»*, a cui si è già fatto riferimento in precedenza.

bellici. Vi aveva accennato pubblicamente, per la prima volta, a distanza di quindici anni, proprio Cantimori, nel ricordo di Federico Chabod scritto all'indomani della sua scomparsa, attribuendo la paternità dell'idea a Giulio Einaudi e ad Antonio Giolitti, con il consenso di Gaetano De Sanctis.[39] Manacorda corresse Cantimori:[40] l'iniziativa non era partita da Einaudi, ma da Ernesto Sestan. Poteva su questo portare una testimonianza precisa, poiché Sestan si era rivolto proprio a lui affinché chiedesse a Einaudi se era disposto a fare da editore della rivista. Così prosegue il ricordo di Manacorda:

> Io partecipai, parlando anche con Chabod, alle trattative che riguardarono anche la composizione del comitato di redazione, dove sarebbe dovuto entrare anche un rappresentante dell'editore, e Einaudi designò Giolitti.[41]

39. Cfr. Delio Cantimori, *Federico Chabod*, in «Belfagor», XV, 6 (1960), p. 702; poi in Id., *Storici e storia*, Torino, Einaudi, 1971, p. 302.

40. Manacorda a Cantimori, 19 gennaio 1961, in Cantimori, Manacorda, *Amici per la storia*, pp. 445-446.

41. L'estratto di una lettera a Einaudi del 10 giugno 1945, in cui Manacorda riferiva di un suo colloquio con Chabod, è pubblicato in Mangoni, *Pensare i libri*, p. 306.

Allo scrupolo di Einaudi, che con questa designazione temeva di avergli dato un dispiacere, escludendolo da un'impresa che aveva caldeggiato, Manacorda ricordava di aver risposto

> che non avevo mai pensato che il mio nome potesse entrare nella combinazione, se non eventualmente con funzioni subalterne, e che era assurdo affiancare il mio nome (allora, poi, addirittura inedito) a quello di studiosi già affermati.

Dalla testimonianza di Manacorda emerge anche come all'interno della casa editrice la proposta fosse stata aspramente contrastata da Carlo Salinari e soprattutto da Franco Rodano, i quali «definivano la rivista come "accademica" e perciò priva di interesse vivo ed estranea alla linea di svolgimento nel senso della attualità»; il progetto era così naufragato, anche se Manacorda non escludeva che al diniego finale di Einaudi, oltre alle riserve di carattere politico-culturale, potessero aver concorso difficoltà di natura finanziaria.

Il Cantimori che per Manacorda rappresentò fonte di ispirazione era naturalmente il Cantimori marxista e aderente al Partito comunista degli anni successivi alla Liberazione. Questo Cantimori, tuttavia, valeva come esempio non per le scelte ideali e politiche compiute dopo l'abbandono delle posizioni ben altrimenti orientate su cui si era attestato fin quasi a ridosso del divampare del conflitto; costituiva un modello non per quelle scelte in sé e per sé, bensì per il modo in cui teneva assieme quelle scelte, quella militanza di parte e di partito, da un lato, e l'onestà scientifica, l'obiettività della ricerca, dall'altro. Insomma, il problema che Manacorda sentiva vivo dentro sé, e per il quale cercava una soluzione in Cantimori, riguardava il nesso tra l'ispirazione politica dello storico, da un lato, e la posizione dello storico rispetto al suo oggetto di studio, dall'altro. E questo non solo in linea generale, ma soprattutto quando l'oggetto di studio riguardava direttamente o comunque chiamava in causa la parte ideale e politica di appartenenza.

Detto altrimenti, la questione era come si potessero coordinare nel campo dell'attività storiografica, da un lato, la ricerca e l'organizzazione dei risultati della ricerca; dall'altro, la visione politica, la passione politica e l'ideologia. Problema solo apparentemente simile a quello che, nella medesima temperie culturale del dopoguerra, veniva dibattuto tra Gaetano Salvemini e Carlo Morandi sulle pagine di «Belfagor», con il primo che rivendicava il diritto dello storico a pronunciare il suo giudizio personale sui fatti accertati, purché per rendere il giudizio più persuasivo quegli non venisse indotto a manipolare il passato.[42] Per Manacorda non si trattava di accompagnare la ricostruzione dei processi storici con giudizi politici, come se il momento soggettivo dell'attività storiografica si innestasse *ex post* sugli esiti della ricerca, bensì di far discendere il valore educativo e civile della conoscenza storica, in funzione di un progetto politico, dalla ricostruzione e dall'interpretazione stessa del passato, senza che la passione politica distogliesse lo storico dal dovere primario di capire le ragioni dello svolgimento dei fatti e di ricomporli nella loro effettività. Da Cantimori, dai suoi studi «sul pensiero sociale moderno, sul marxismo e sulla storia del socialismo» – per quanto si trattasse di studi praticati solo per un breve lasso di tem-

42. Gaetano Salvemini, *Storiografia e moralismo*, con postilla di Carlo Morandi, in «Belfagor», II, 1 (1947), pp. 9-17.

po, non oltre il 1947-48,[43] Manacorda riteneva appunto che si potesse ricavare un insieme di indicazioni e di ammonimenti per comporre in unità dialettica da un lato impegno, dall'altro, disinteressamento e distacco. Manacorda si riconobbe così nella massima cantimoriana secondo cui l'attività storiografica dovrebbe essere «tanto più distaccata quanto più impegnata».[44] Il che non implicava separatezza tra storia e politica, irrilevanza della politica nell'attività professionale dello storico. Significava invece che lo storico, e nella fattispecie lo storico intenzionato, attraverso il suo mestiere, fornire strumenti di conoscenza funzionali alla comprensione del mondo e per questo tramite anche a una battaglia politica, doveva sempre partire dall'osservanza delle regole della sua professione, attenendosi ai documenti e trattandoli con rigore critico e filologico, senza mai piegare la ricostruzione storica a fini propagandistici o volgerla alla dimostrazione

43. Manacorda, *Lo storico e la politica*, p. 209.

44. Gastone Manacorda, *Gli «Studi di storia» di Delio Cantimori*, in «Studi Storici», I, 1 (1959-60), pp. 158-168 (poi in Id., *Storiografia e socialismo*, pp. 183-197, da cui si cita: p. 185).

di tesi pregiudiziali o predeterminate. «Capire le cose nei loro termini obiettivi»:[45] questo il senso della lezione che Manacorda riconosceva di aver appreso da Cantimori.

4. *Passioni politiche e attività scientifica*

Nel tratteggiare i lineamenti della lezione di Cantimori, Manacorda dava conto però anche del clima in cui quell'insegnamento avrebbe dovuto calarsi, negli anni in cui erano ancora forti le passioni ideali suscitate dalla lotta antifascista e dalla Resistenza e si avvertivano pesantemente le contrapposizioni ideologiche dell'incipiente Guerra fredda. Erano soprattutto quegli studiosi del socialismo, del marxismo, della recente storia d'Italia che volevano essere nello stesso tempo partecipi del movimento politico che si ispirava al socialismo e al comunismo, erano soprattutto loro a dover fare i conti con le pressioni della politica, con il condizionamento delle controversie ideologiche e teoriche. Manacorda

45. *Bilancio di uno storico*, p. 264.

ricordava così quanto il criterio stabilito da Cantimori, il punto fermo del suo metodo, avesse spesso rappresentato un elemento di contraddizione e avesse suscitato una tensione politica che, come una sorta di basso continuo, aveva accompagnato tutto il decennio del Cantimori comunista. Cantimori trasmetteva a molti come una sensazione di freddezza, di algido distacco dalla materia incandescente della conflittualità politica e sociale. E a sua volta il maestro era dovuto intervenire più volte per mettere in guardia dalla politicizzazione degli studi e prendere le distanze da quanti intendevano la storiografia non come esercizio di un pensiero critico, ma come dimostrazione delle ragioni della propria parte politica. A questo punto però, sull'onda del ricordo, il discorso si spostava sugli episodi che avevano visto Manacorda stesso oggetto di attacchi e di richiami all'ordine per la sua fedeltà a quel modello di etica professionale.

Manacorda, in più occasioni, ha rievocato in particolare due episodi. Il primo riguarda le critiche rivolte al suo libro sulle origini del movimento operaio in Italia, *Il movimento operaio italiano attraverso i suoi congressi*, pubblicato dalle

Edizioni Rinascita nel 1953. Critiche che culminarono in una tempestosa riunione di storici comunisti alla fine del 1954, nel corso della quale Manacorda fu messo sul banco degli imputati da un membro della direzione del PCI, Arturo Colombi. L'accusa era quella di aver accentuato l'importanza della fondazione del Partito socialista nella storia d'Italia, senza sottolineare l'inadeguatezza e l'opportunismo del socialismo italiano e omettendo di avvertire come le potenzialità e le virtualità positive di quel passaggio storico si fossero materializzate solo trent'anni dopo grazie alla scissione da cui era nato il Partito comunista: un tipico esempio di quella tendenza a mettere la storia al servizio di un assunto politico contro cui si batteva Cantimori e in opposizione alla quale Manacorda rivendicò di aver studiato le origini del Partito socialista in Italia come fatto storico in sé, senza paradigmi prestabiliti o anacronistiche trasposizioni di problematiche appartenenti ad altri momenti storici. Manacorda, nondimeno, ricordava con soddisfazione come in quella circostanza, a riscatto del suo onore e delle sue ragioni, ci fosse stato un intervento di Togliatti che, con una lettera piuttosto severa, aveva deplorato l'intromissione di un dirigente politico in un dibattito tra studiosi di storia e aveva difeso l'autonomia della ricerca.[46]

L'altro momento di frizione richiamato da Manacorda è relativo all'esperienza di «Società», la rivista di cultura istituita nel 1945 e gravitante nell'orbita del PCI, di cui Manacorda diresse dal 1950 al 1956 la seconda serie, affiancato a partire dal 1952 da Carlo Muscetta. Nel 1955 la rivista pubblicò una nota proprio di Muscetta, molto critica verso il *Metello* di Pratolini, a cui la generalità della stampa comunista aveva invece riservato un coro di elogi. Togliatti questa volta si mosse in modo diverso dal caso precedente e inviò un secco richiamo ai due direttori di «Società», rimpro-

46. Per la rievocazione di questa vicenda cfr. soprattutto l'intervista rilasciata da Manacorda ad Albertina Vittoria, *Partito e cultura*, in «l'Unità», 21 gennaio 1990 (poi in *Il movimento reale e la coscienza inquieta*, pp. 287-292, da cui più avanti si cita). Per la ricostruzione in sede storiografica cfr. Vittoria, *Togliatti e gli intellettuali*, pp. 129-150. Sul clima che avvolgeva queste polemiche si veda anche Roberto Pertici, *Uscita di sicurezza. Sergio Bertelli nella crisi comunista del 1956*, in *Per Sergio Bertelli. Itinerari di ricerca di uno storico del '900*, a cura di Giulia Calvi, Firenze, Polistampa, 2018, in particolare pp. 143-151.

verandoli per essersi voluti distinguere da tutto il resto della stampa di partito.[47]

Ripensando a queste vicende, a Manacorda risultava difficile trovare la chiave di comportamenti così stridenti da parte di Togliatti: forse, osservava, la critica a *Metello* aveva offeso il suo gusto letterario; o forse Togliatti era in qualche misura "diviso", anche se, chiosava Manacorda, nessun altro segretario di qualsivoglia partito comunista, in un'epoca in cui tra i comunisti ancora dominavano i precetti di Ždanov, avrebbe mai preso posizione a favore dell'autonomia della ricerca storica, come invece ebbe a fare proprio Togliatti nel 1954, dando «sostanzialmente ragione alle esigenze di noi che facevamo di mestiere gli studiosi di storia».[48] Questo, ancora a distanza di tempo, gli pareva il dato più importante.

Siamo così arrivati a parlare di «Società». Anche questa rivista è stata oggetto di rievocazioni da parte di Manacorda, non solo per il caso Pratolini. Manacorda intitolò *Così eravamo* lo scritto

47. Cfr. Manacorda, *Lo storico e la politica*, pp. 234-236, e Vittoria, *Togliatti e gli intellettuali*, pp. 173-175.
48. *Partito e cultura*, pp. 290-291.

in cui più direttamente si richiamò all'esperienza di quel periodico. Il suo ripensare alla vicenda di «Società» segue la falsariga di quanto detto sinora. Fuori discussione il fatto che «Società» fosse e dovesse restare una rivista politicamente e idealmente orientata, di ispirazione marxista e comunista; ma un punto ugualmente fermo era che dovesse qualificarsi come rivista autonoma e di elevato livello culturale, senza degradare la propria funzione al piano dell'indottrinamento di maniera o ridursi al ruolo di periodico di partito nel senso più stretto e strumentale dell'espressione. Manacorda rivendicava di essere sempre rimasto fedele

> al convincimento che il modo non solo il più serio ma il più fecondo di fare politica culturale fosse quello di operare rigorosamente con gli strumenti propri degli studi e della ricerca [...] L'autonomia della rivista nei confronti degli organi dirigenti del partito era rispettata, e qualche tentativo, che non mancò, di risospingerla sul terreno della propaganda, non ebbe fortuna.[49]

49. Gastone Manacorda, *Così eravamo. L'esperienza di «Società»*, in «Rinascita», 9 gennaio 1981, pp. 31-32 (poi in Id., *Il movimento reale e la coscienza inquieta*, pp. 248-254: citazione dalle pp. 252-253).

Insomma, l'immagine di sé che durante la prima metà degli anni Cinquanta Manacorda trasmette con i suoi interventi sul filo della memoria è quella di un intellettuale, di uno studioso perfettamente calato nella parte del militante politico, convinto della sua scelta di campo, pienamente aderente alla prospettiva di trasformazione della società italiana indicata dal Partito comunista, portatore di una visione della cultura come attività non separata dalla vita sociale, ma innestata in un progetto politico; altrettanto fermamente convinto, però, che una attività culturale così concepita avesse bisogno di intellettuali, di studiosi determinati a operare con le armi che sono tipiche del loro mestiere in qualsiasi contesto politico-ideale, determinati quindi a non consentire che la passione politica avesse effetti distorcenti sull'andamento delle ricerche o che il coinvolgimento emotivo avesse il sopravvento e piegasse lo studio a esigenze di propaganda o di polemica politica.

Era questo il senso dell'adesione di Manacorda alla massima di Cantimori, secondo cui l'attività intellettuale doveva essere tanto più distaccata quanto più impegnata. Va riconosciuto tuttavia come dalle rievocazioni di Manacorda non affiori mai il ricordo, e non abbiamo quindi una spiegazione da parte sua, di quei casi in cui obiettivamente non gli riuscì di mantenersi fedele a quel canone di etica professionale e politica. Qualche momento di smarrimento non lo si coglie nei libri o nei saggi di ricerca, che restano sempre su un piano di scientificità e di assoluto rigore, tanto che qualcuno, addirittura, con un certo gusto per la battuta, attribuirà la validità e l'efficacia della storiografia di Manacorda al fatto che essa «non si mostrasse eccessivamente marxista».[50] Alcune cadute di stile si palesano invece in diversi interventi di critica storiografica, in certe recensioni, peraltro tutte racchiuse negli anni tra il 1948 e il 1951, nelle quali fanno la loro comparsa i moduli tipici della più vieta polemica antitrockista o antititoista o in genere contro i transfughi del comunismo come Angelo Tasca, preso ingenerosamente e rozzamente a bersaglio in occasione

50. Furio Diaz, *La «nuova storiografia» fra impegno politico e ricerca scientifica: momenti e problemi 1945-1950*, in *Federico Chabod e la «nuova storiografia» italiana dal primo al secondo dopoguerra (1919-1950)*, a cura di Brunello Vigezzi, Milano, Jaca Book, 1984, p. 654.

della prima edizione italiana di *Nascita e avvento del fascismo*.[51]

5. *Il 1956 e «Studi Storici»*

Nel mosaico dei ricordi di Manacorda lo snodo del 1956, così critico per il rapporto tra il PCI e gli intellettuali,[52] ha meno rilievo di quanto si potrebbe supporre. Richiama fatti noti: il suo dissenso nei confronti della posizione assunta dai comunisti italiani sull'Ungheria, la dura polemica sostenuta per rivendicare una volta di più l'autonomia delle iniziative culturali dagli organi di partito, la decisione di restare nonostante tutto nel PCI, con la conseguente separazione della sua strada da quella di Cantimori, senza che questo scalfisse la loro amicizia e la loro solidarietà intellettuale; tutto questo è sì richiamato, ma non dà luogo a un approfondi-

51. Rinvio a Rapone, *Gastone Manacorda*, pp. 605-606.

52. Cfr. Nello Ajello, *Intellettuali e PCI 1944-1958*, Roma-Bari, Laterza, 1979, pp. 359-452.

mento particolare.[53] Per trovare un riflesso, nelle parole di Manacorda, degli effetti che i drammatici eventi di quell'anno spartiacque ebbero sulla sua personalità, delle conseguenze che ne trasse per indirizzare dopo di allora la sua vita, dovremo affidarci a un altro genere di fonte, di carattere privato, vale a dire alle lettere inviate a Cantimori quando la bufera si era ormai quietata, dalle quali affiora una riconsiderazione del decennio trascorso e dell'esperienza maturata come attore della politica culturale del PCI. Poiché nel 1956 si concluse l'incarico alla direzione di «Società», con la fine della seconda serie della rivista, Manacorda, senza più incarichi di responsabilità, poté dedicarsi interamente alle ricerche che aveva in corso sull'Italia dell'ultimo decennio dell'Ottocento e all'attività che svolgeva alla Giunta Centrale per gli Studi Storici. Questa condizione suscitava in lui un senso di sollievo, a cui si accompagnavano amarezza e turbamento al ricordo del recente passato.

53. Su quelle vicende cfr. Vittoria, *Togliatti e gli intellettuali*, pp. 229-232; Ead., *La «ricerca oggettiva»*, pp. 88-91.

> Lavoro finalmente, e mi sono accorto che se duravo ancora un po' a disperdermi come in questi ultimi tempi, avrei finito con l'arrugginirmi del tutto. Mi è costata fatica rimettermi a una disciplina costante. Ma mi sento molto meglio, anche fisicamente, e nonostante altre preoccupazioni.[54]

> Questo volevo fare, questo è il mio mestiere.[55]

> Io non voglio più incarichi organizzativi, neanche parziali, neanche minimi. Ora il lavoro mio di ricerca mi assorbe e mi dà ben più soddisfazione. [...] Ero stato preso in un ingranaggio che mi ha portato molto, troppo lontano dalle mie aspirazioni. *Ho perso dieci anni, non ne voglio perdere più.*[56]

Anche quando il riferimento al passato non era esplicito, il discorso sul presente, implicitamente, valeva come presa di distanza e indice di una mutata condizione esistenziale:

54. Manacorda a Cantimori, 31 gennaio 1957, in Cantimori, Manacorda, *Amici per la storia*, p. 306.

55. Manacorda a Cantimori, 6 febbraio 1957, ivi, p. 313.

56. Manacorda a Cantimori, 8 marzo 1957, ivi, p. 318 [corsivo mio].

> Salvo che nelle cose essenziali e di fondo, non mi sento più di tornare a "militare". [...] Non mi sentirei più capace di attività, di disciplina, di vita di partito insomma. [...] Vorrei essere degradato da "compagno" a "simpatizzante" con tutte le libertà che al simpatizzante spettano.[57]

Eppure, non molte settimane dopo aver fatto a Cantimori l'ultima di queste confidenze, tra la fine di settembre e il principio di ottobre del 1958 Manacorda non solamente si immergeva nel lavoro di preparazione di «Studi Storici», la nuova rivista di cui alcuni storici comunisti, ben più di lui in armonia con il partito, avevano lanciato l'idea da più di un anno, ma addirittura accettava di dirigerla. Come spiegarsi questo improvviso cambiamento, che può apparire un ritorno al passato, a quel genere di impegno politico-culturale da cui si era ripromesso di tenersi lontano? Cantimori ne rimase stupito, anche perché Manacorda nei mesi precedenti non aveva mancato di esprimergli i suoi dubbi sulla possibilità che il progetto della rivista arrivasse a compimento, affermando di non volersene co-

57. Manacorda a Cantimori, 5 settembre 1958, ivi, p. 391.

munque occupare e pronunciando giudizi di una certa asprezza su diversi dei promotori dell'iniziativa. Come ha rielaborato Manacorda nei suoi ricordi successivi la memoria di questo passaggio della sua vita e della sua attività di studioso? Sull'origine di «Studi Storici» si è soffermato in particolare nella premessa alla raccolta degli indici del primo venticinquennio di vita della rivista.[58] Qui ricorda come la decisione di fondare «Studi Storici», dopo mesi e mesi di contatti, di conversazioni e di incontri, fosse stata definitivamente assunta, appunto nell'autunno del 1958, in una riunione che aveva visto la partecipazione di diversi studiosi – faceva i nomi di Giorgio Candeloro, Franco Della Peruta, Giuliano Procacci, Ernesto Ragionieri, Rosario Villari, Renato Zangheri, scusandosi per le possibili omissioni – alla presenza di Mario Alicata, responsabile della sezione culturale del PCI. Alla base c'era la convinzione degli storici comunisti di potersi affermare nel panorama storiografico nazionale come

58. Gastone Manacorda, *Nascita di una rivista di tendenza*, prefazione a *Studi Storici – Indice 1959-1984*, Roma, Editori Riuniti, 1985, pp. VII-X (poi in Id., *Il movimento reale e la coscienza inquieta*, pp. 293-297, da cui in seguito si cita). Lo scritto è riprodotto quasi per intero in appendice.

storici, per così dire, a tutto tondo, rivendicando la capacità della storiografia marxista di intervenire sull'intero arco delle questioni presenti all'attenzione della critica storica, senza delimitazioni predeterminate. Implicita, aggiungeva Manacorda, era la volontà di smentire l'identificazione tra indirizzo storiografico marxista e dedizione esclusiva alla storia del movimento operaio, «come se ai marxisti fosse riservato il compito "corporativo" e subalterno di occuparsi solo (o quasi) della storia del movimento di cui essi medesimi erano parte»: un'identificazione che nessuno aveva mai teorizzato, ma che si sarebbe potuta dedurre dal fatto che la prima rivista storica italiana di ispirazione marxista, promossa dalla casa editrice Feltrinelli e cessata nel 1956, si era intitolata «Movimento operaio».[59] Manacorda sottolineò il carattere temerario della decisione di promuovere una rivista:

> Prendere l'iniziativa di una rivista storica, di storia generale, da parte di un gruppo di giovani studiosi (nessuno cattedratico) era un atto a dir poco di anticonformismo, e quasi un venir meno a certe buone regole non scritte. E perché tutto ciò

59. Ivi, pp. 293-294.

> non apparisse sfida velleitaria c'era una sola via da percorrere, quella della qualità del prodotto, in base al quale saremmo stati giudicati.[60]

Riguardo in particolare al suo ruolo nell'impresa ammetteva di essere stato «il più esitante a dare il via all'iniziativa» e «il più dubbioso sulle sue possibilità di successo»; ricordava anche di essere rimasto sorpreso che la sua designazione a direttore di «Studi Storici», proposta dai colleghi per via della sua maggiore anzianità e dell'esperienza fatta alla direzione di «Società», non incontrasse obiezioni di natura politica, come invece si sarebbe aspettato viste le posizioni da lui assunte nel 1956 e il conflitto che allora lo aveva opposto, in particolare, proprio ad Alicata, e di avere accettato l'incarico solo dopo aver ottenuto garanzie che la rivista sarebbe stata del tutto autonoma dal partito.[61]

In effetti nelle polemiche del 1956 e nelle riflessioni successive Manacorda aveva posto al centro proprio la questione dell'autonomia del lavoro intellettuale dal controllo e dalle direttive degli

60. Ivi, p. 294.
61. Ivi, p. 296.

organi politici. Si era rifiutato, ad esempio, di entrare nel comitato direttivo della nuova serie di «Società», perché aveva ritenuto che non vi fossero le condizioni per imbastire una rivista realmente autonoma ed era anche arrivato a domandarsi se, in definitiva, non fosse inevitabile che iniziative culturali sotto l'egida di un partito correvano il rischio di subire ingerenze o richiami all'ordine nelle circostanze in cui avessero implicazioni politiche.[62] Tuttavia la rassicurazione che con «Studi Storici» sarebbe stato diverso, che la rivista avrebbe potuto autodeterminarsi secondo criteri puramente scientifici, non sembra una spiegazione sufficiente del suo repentino mutamento; anche altri fattori dovettero entrare in gioco, e poiché Manacorda non vi ha mai fatto esplicito riferimento, dobbiamo provare a desumerli indirettamente da altre tracce autobiografiche tra le pieghe, anche in questo caso, della sua corrispondenza con Cantimori. Questa ci racconta innanzitutto di un tentativo di recupero nei suoi confronti in atto già

62. Cfr. ad es. Manacorda a Cantimori, 31 gennaio 1957 e 29 maggio 1957 (in Cantimori, Manacorda, *Amici per la storia*, pp. 305-307 e 333-335).

da qualche tempo per reinserirlo nel circuito delle attività culturali del PCI (in particolare Alicata gli aveva proposto di tenere una delle relazioni introduttive al primo congresso di studi gramsciani che si sarebbe svolto nel gennaio 1958: invito che non aveva accolto, ritenendo di non avere tempo a sufficienza per preparare un contributo di qualità).[63] L'offerta della direzione di «Studi Storici», con l'avallo di Alicata, non nacque dal nulla; con quei precedenti dovette dare a Manacorda la sensazione che alla sua visione del rapporto tra politica e cultura veniva riconosciuto quantomeno diritto di cittadinanza nel partito e che per marcare una presenza nel campo della storiografia anche i suoi colleghi più giovani e intraprendenti avevano bisogno di lui, della sua esperienza e della sua guida. Tutto questo poteva rappresentare una rivalsa, dopo l'emarginazione patita nel 1956, e attrarlo verso un nuovo impegno: d'altronde, aveva scelto di restare nel PCI e quanto si muoveva all'interno del partito nel senso da lui auspicato non poteva lasciarlo indifferente. È vero, infatti,

63. Manacorda a Cantimori, 1° e 29 maggio 1957, ivi, pp. 328 e 333.

che l'essersi liberato degli incarichi di responsabilità e il potersi dedicare interamente allo studio gli restituiva una sensazione di leggerezza; ma altra cosa è dire che si sentisse pienamente appagato: a Cantimori aveva confidato anche la difficoltà di uscire dalla «depressione etico-politica»,[64] e «Studi Storici» avrebbe potuto offrirgliene la possibilità. Infine, il carteggio ci mostra una personalità sempre in bilico tra studio e ricerca da un lato e attività organizzative dall'altro. Di sé, alla metà del 1960, quindi nel cuore della sua direzione di «Studi Storici», parlava in questi termini:

> Evviva l'insegnamento e la ricerca! Io faccio l'organizzatore *malgré-moi*, e così mi capita che la gente creda che io sia un vero organizzatore, di quelli che ci provano gusto a *far fare* al prossimo determinate cose, a *dirigere*. Non è vero niente [...]. Ho preso certi impegni e faccio tutto quel che posso per rispettarli e portare avanti il lavoro che mi sono addossato; e basta.[65]

64. Manacorda a Cantimori, 28 ottobre 1957, ivi, p. 347.

65. Manacorda a Cantimori, 8 giugno 1960, ivi, pp. 439-440.

Ancor più significativa – e qui siamo in pieno ripensamento autobiografico – un'annotazione posta a margine di una lettera in cui Cantimori, nell'aprile 1956, vedendo la sua difficoltà di tenere assieme la ricerca e la direzione di una rivista (si trattava allora di «Società»), lo invitava caldamente a privilegiare la prima e a lasciar stare la seconda: riprendendo in mano questa lettera molti anni dopo Manacorda vi annotò: «È un pezzo fondamentale sull'eterno problema della mia scelta di vita».[66]

Per tornare alla rievocazione del suo ruolo in «Studi Storici», dalla ricostruzione di Manacorda emerge come, una volta ottenuto l'incarico di direttore, egli, con molta fermezza, abbia voluto imprimere alla rivista dei caratteri di fondo corrispondenti alla sua visione del rapporto tra storiografia e dimensione politico-ideologica. Per sua decisione il primo fascicolo uscì senza una dichiarazione programmatica: una decisione che spiegava non solamente con la difficoltà di concordare un testo tra tutti i promotori, ma soprattutto con

66. Riporta l'annotazione Vittoria, *La «ricerca oggettiva»*, p. 12; la lettera è del 21 aprile 1956, ivi, pp. 276-277.

la volontà di evitare proclamazioni astratte, basate su assunti teorici e ideologici.

> Era chiaro, infatti, almeno per una parte di noi, che la crisi politica e ideale del '56-'57 aveva le sue radici in un eccesso di ideologia, e che occorreva rimuovere un blocco di certezze teorico-pratiche che, al limite, contraddicevano la libertà di ricerca e ottundevano lo spirito critico. La crisi, ripensata in questi termini, poteva avere uno sbocco costruttivo solo se ci fossimo qualificati col fare concreto, assai più che col riaffermato ancoramento a formule di principio o, comunque, con il richiamo a un pensiero consolidato.[67]

Per qualificare l'orientamento della rivista fu scelto di presentarla all'esterno come rivista dell'Istituto Gramsci: un'indicazione, ricordava Manacorda, che

> diceva chiaramente molte cose: era, in primo luogo, una dichiarazione di non neutralità "ideologica", di non accademismo, di non identificazione della scienza storica con la storiografia neutra pura asettica e senza idee; e, in positivo, dichiarava altrettanto apertamente ascendenze di pensie-

67. Manacorda, *Nascita di una rivista di tendenza*, p. 295.

> ro, orientamenti ideali, preferenze tematiche, che però si volevano non vincolanti e si esprimevano, quindi, solo come orientamento generale.[68]

Manacorda riassumeva questa visione nell'espressione «rivista di tendenza»; aggiungendo poi, a mo' di precisazione: di tendenza sì, «ma aperta»:

> Una rivista "di tendenza" così intesa non significava affatto chiudersi in un gruppo prestabilito di collaboratori, ma aprirsi, anzi, ad ogni contributo valido e originale. Lo scopo era, semmai, quello di rompere il possibile nostro isolamento senza disperdere il nucleo originario e le sue ramificazioni.

E ancora: «Larghezza nell'indirizzo, dunque, ma intransigenza nella qualità».[69]

I ricordi e le testimonianze autobiografiche di Manacorda non vanno oltre la soglia degli anni Sessanta. Nel 1965 incominciò a insegnare all'università, a Catania, e l'anno successivo ebbe termine la sua direzione di «Studi Storici». La sua presenza pubblica si fece più rara; non venne meno la partecipazione alle discussioni tra gli

68. Ivi, p. 294.
69. Ivi, p. 295.

storici dell'Istituto Gramsci o, più in generale, al dibattito storiografico sul piano nazionale, ma assunse forme più riservate. Unico fra i direttori di «Studi Storici» succedutisi fino al 1991, non ambì a un posto nel comitato centrale del PCI né aspirò a mandati politici nelle assemblee rappresentative a livello nazionale o locale. Fu probabilmente per questo insieme di ragioni che in seguito non venne mai sollecitato a parlare, a rielaborare i ricordi di questo nuovo periodo della sua attività, sebbene anche in quegli anni non fossero mancati dei momenti in cui alcune sue prese di posizione – a proposito, ad esempio, di come accostarsi allo studio del fascismo – furono al centro di polemiche all'interno del PCI, su cui sarebbe stato interessante un suo giudizio *a posteriori*.[70]

Dopo la metà degli anni Sessanta si dedicò comunque soprattutto alla didattica, con una passione, un impegno, un'intensità di cui solo la testimonianza di quanti lo hanno visto all'opera potrebbe restituirici un'idea. A proposito dell'attività di insegnamento nell'intervista ad Alberto

70. Rinvio ancora al mio *Gastone Manacorda*, pp. 628-633.

Caracciolo da cui ho preso le mosse ci sono delle considerazioni che mi piace richiamare a conclusione del mio intervento. Dopo aver tratteggiato la concatenazione di interessi che, nelle sue ricerche, lo aveva condotto dalle origini del movimento operaio italiano allo studio delle premesse del decollo industriale di fine Ottocento, Manacorda ammetteva di aver avvertito, una volta passato alla didattica, i limiti di un canone storiografico esclusivamente nazionale, e la necessità quindi di dare all'insegnamento della storia contemporanea «un'impostazione più larga che non fosse soltanto quella della storia d'Italia».
E questo, aggiungeva,

> sulla base di una riflessione fondamentale: che il mondo contemporaneo è un mondo unificato, nel quale la storia è diventata sempre più storia mondiale, storia universale, e la storia dei singoli paesi va vista a sua volta nel quadro di questi legami complessi.[71]

Il tema dell'unitarietà del mondo, del rimpicciolimento del mondo, che affiora nell'intervista

71. *Bilancio di uno storico*, p. 268.

a Caracciolo tra i ricordi della sua didattica, compare più volte nelle riflessioni di metodologia storica svolte da Manacorda negli anni Settanta; in relazione ai tempi, alla curvatura marcatamente e prevalentemente nazionale degli studi di storia contemporanea nell'Italia di quegli anni, trasmette ancora oggi una sensazione di freschezza e di attualità.

Opere di Gastone Manacorda citate

16 aprile a S. M. Maggiore, in «La Voce della scuola», 16 dicembre 1944, p. 3

Bilancio di uno storico, intervista rilasciata ad Alberto Caracciolo, in «Dimensioni e problemi della ricerca storica», 1 (1988), pp. 5-24 (poi in *Il movimento reale e la coscienza inquieta. L'Italia liberale e il socialismo e altri scritti tra storia e memoria*, a cura di Claudio Natoli, Leonardo Rapone, Bruno Tobia, Milano, FrancoAngeli, 1992, pp. 255-273)

Classe politica e classi sociali, in «Risorgimento», 25 agosto 1945, pp. 387-394

Così eravamo. L'esperienza di «Società», in «Rinascita», 9 gennaio 1981, pp. 31-32 (poi in *Il movimento reale e la coscienza inquieta*, pp. 248-254)

Nascita di una rivista di tendenza, prefazione a *Studi Storici - Indice 1959-1984*, Roma, Editori Riuniti, 1985, pp. VII-X (poi in *Il movimento reale e la coscienza inquieta*, pp. 293-297)

Partito e cultura, intervista rilasciata ad Albertina Vittoria, in «l'Unità», 21 gennaio 1990 (poi in *Il movimento reale e la coscienza inquieta*, pp. 287-292)

Per un'arte umana, in «Primato. Lettere e arti d'Italia», IV, 16-17 (1943), p. 280

Recensione a Giaime Pintor, *Il sangue d'Europa (1939-1943)*, in «Società», VI, 1 (1950), pp. 174-178 (poi, con il titolo *L'antifascismo di Giaime Pintor*, in *Storiografia e socialismo. Saggi e note critiche*, Padova, Liviana, 1967, pp. 331-336)

Recensione a Renzo De Felice, *Mussolini il rivoluzionario*, in «Studi Storici», VI, 2 (1965), pp. 369-376 (poi, con il titolo *Mussolini il rivoluzionario*, in *Storiografia e socialismo*, pp. 299-310)

San Pietro, 12 marzo 1944, in «Studi Storici», XLIV, 3-4 (2003), pp. 1013-1015

Storia di un antifascista. Giuseppe Granata, in «Studi Storici», XXXVI, 3 (1995), pp. 641-679

Lo storico e la politica. Delio Cantimori e il partito comunista, in *Storia e storiografia. Studi su Delio Cantimori. Atti del convegno tenuto a Russi (Ravenna) il 7-8 ottobre 1978*, a cura di Bruno Bandini, Roma, Editori Riuniti, 1979, pp. 61-109 (poi in *Il movimento reale e la coscienza inquieta*, pp. 209-247)

Gli «Studi di storia» di Delio Cantimori, in «Studi Storici», I, 1 (1959-60), pp. 158-168 (poi in *Storio-*

grafia e socialismo. pp. 183-197, e in *Rivoluzione borghese e socialismo*, Roma, Editori Riuniti, 1975, pp. 373-385)

Testimonianza, in *Ettore Luccini. Umanità, cultura, politica*, Vicenza, Neri Pozza, 1984, pp. 79-82

Testimonianza, nell'appendice curata da Maria Cecilia Calabri a *Giaime Pintor e la sua generazione*, a cura di Giovanni Falaschi, Roma, Manifestolibri, 2005, p. 313

Documenti

I.
Bilancio di uno storico[*]

Caracciolo: *Pensavo di domandarti per prima cosa quali sono stati i motivi, le propensioni, le preparazioni culturali che ti hanno indotto a specializzarti negli studi storici e a farne il tuo mestiere di vita.*

Manacorda: Prenderò il discorso un po' alla larga. Prima di tutto vorrei dire che non faccio nessuna proposta di esemplarità in quello che sto per dire. Racconterò come sono andate le cose e perché mi sono trovato ad un certo momento ad essere qualificato come studioso di storia contemporanea.

Ognuno di noi vive il suo pezzo di storia. Io sono nato durante la prima guerra mondiale, nella primavera del 1916, quando letteralmente scorrevano fiumi di

* *Bilancio di uno storico*, a cura di Alberto Caracciolo, in «Dimensioni e problemi della ricerca storica», 1 (1988), (poi in Gastone Manacorda, *Il movimento reale e la coscienza inquieta. L'Italia liberale e il socialismo e altri scritti tra storia e memoria*, a cura di Claudio Natoli, Leonardo Rapone, Bruno Tobia, Milano, FrancoAngeli, 1992, pp. 255-273).

sangue in Europa, e – per quanto possa sembrare strano – credo di dover veramente partire dall'esperienza della prima guerra mondiale come punto di riferimento. Avevo sei anni nell'ottobre del 1922, cioè andavo in prima elementare nel periodo in cui si svolgeva la marcia su Roma. Avevo vent'anni al tempo della guerra d'Etiopia ed ero studente universitario. Avevo ventitré anni quando scoppiò la seconda guerra mondiale e ventinove quando finì. Evidentemente aver passato la fanciullezza, la giovinezza nel regime fascista vuol dire qualche cosa.

Ho aperto gli occhi e ho visto quella realtà, a poco a poco ne ho preso coscienza. [...]

A dieci anni mi iscrissero d'ufficio nell'Opera nazionale balilla, e così feci tutto il *cursus honorum*, se così si può chiamare, nelle organizzazioni giovanili fasciste. Però non fui mai convinto. Quando ascoltavo i discorsi dei grandi, degli zii o degli amici di mio padre che ancora frequentavo, l'orientamento che ne ricevevo era piuttosto in senso antifascista e prevalentemente in senso liberale.

Quando poi vennero le prime letture serie, non scolastiche, allora ci fu l'incontro, importante per tutti quelli della mia generazione, con Benedetto Croce. La prima vera influenza culturale, le prime importanti letture formative furono, almeno per me, proprio i suoi libri, la *Storia d'Europa*, la *Storia d'Italia*, ma molto più importante la *Storia d'Europa*, senza dubbi, e poi *La storia come pensiero e come azione* e, fra gli scritti di storia del pensiero, *La filosofia di G.B. Vico*. Ma il Croce filosofo sistematico, il Croce della *Filosofia dello spirito*, mi convinceva assai meno dello storico. Erano proprio le opere storiche, le opere di storia contemporanea quelle che mi attraevano di più, perché vi trovavo quello che andavo cercando.

Mi ricordo di aver letto dopo la *Storia d'Italia* di Benedetto Croce, *L'Italia in cammino*, cioè la risposta di Gioacchino Volpe, e di essere rimasto perplesso di fronte a queste due proposte così diverse di lettura della storia d'Italia dopo il Risorgimento. Il mio interesse andava proprio a quella storia dell'Italia liberale sulla quale si sono fermate le mie ricerche successive, cioè al post-risorgimento. Come si era passati dal Risorgimento al fascismo? In altri termini, io proprio non vorrei sottovalutare l'importanza del problema politico nella mia formazione. La ricerca di una risposta alla domanda «che cos'è il fascismo?» ha avuto per me una grandissima importanza. La risposta che trovavo in Benedetto Croce era che il fascismo è soprattutto antiliberalismo. La risposta che trovavo in Gioacchino Volpe era ovviamente di segno diverso: il fascismo era potenziamento della nazione, proseguimento della costituzione della nazione in Stato avvenuta attraverso il Risorgimento, era lo sviluppo dell'Italia vincitrice nella prima guerra mondiale. Mi si poneva il problema di adire anche alle fonti fasciste, nella misura in cui questo era possibile allora. Quindi lessi con impegno la *Dottrina del fascismo* con il commento di Salvatore Valitutti, che era il commento più serio di cui si poteva disporre in quel momento. In fondo quando nella *Dottrina del fascismo* Mussolini negava tutto lo sviluppo politico dalla Rivoluzione francese in poi, mi confermava il giudizio storico implicito in Croce.

Tutto questo, però, soddisfaceva certe mie curiosità intellettuali, ma non mi dava molti lumi per la soluzione del problema politico, perché lasciava irrisolto il problema della natura del fascismo. E la risposta non venne dai libri di storia di cui disponevo, ma più tardi, da certi documenti politici clandestini. Bisogna pensare, sempre per accompagnare le date della mia biografia personale con le date dei grandi avvenimenti storici, che io mi sono laureato nel '38, e che nel settembre del '38 ero da pochi giorni in caserma a Spoleto, quando, tutti sanno quello che avvenne: la Conferenza di Monaco e la cessione dei Sudeti alla Germania. Pochi mesi prima c'era stato l'*Anschluss*. Si entrava, cioè, già nell'anticamera della seconda guerra mondiale, e non ci voleva molto per capire dove si sarebbe andati a parare.

Faccio un passo indietro, per dire che lo svolgimento dall'educazione fascista ricevuta a scuola all'antifascismo militante non fu semplice né lineare: mi riferisco in particolare alla guerra d'Etiopia. Alla guerra d'Etiopia io ci ho creduto, cioè ho creduto all'impostazione fascista della guerra, ho creduto all'impero italiano come legittima contrapposizione all'impero inglese e all'imperialismo delle altre nazioni.

È durata poco, questa fase, però c'è stata. Ed era naturale per un ragazzo di vent'anni che aveva cominciato ad andare a scuola nel momento della marcia su Roma; anzi, sarebbe stato strano il contrario, poiché non ci furono in famiglia né tra i miei maestri influenze esplicite che mi guidassero in altro senso. Con la guerra di Spagna le cose cominciarono già a cambiare, e qui entra l'elemento molto importante dei contatti con i giovani dell'Università di Roma, con il gruppo che nella Facoltà di lettere faceva capo a Mario Alicata. Allora cominciai a prendere contatto con questi giovani antifascisti che, appunto in quegli anni, nel '37-'38 e negli anni seguenti, si orientavano decisamente verso un'attività antifascista ed avevano preso contatto con il partito comunista a Parigi.

Caracciolo: *E quando sei diventato di orientamento marxista?*

Manacorda: Quando, come accennavo dianzi, ho trovato, nei documenti politici comunisti che circolavano clandestini, una risposta convincente pur nella sua sommarietà al quesito di fondo: che cosa era il fascismo? Qui comincia la storia del mio antifascismo, e si aggiungono nuove curiosità, nuovi interessi culturali; che cos'era il socialismo, che cos'era il comunismo, che cos'era l'altro versante dell'antifascismo, così diverso da quello liberale? Era un mondo per me perfettamente sconosciuto. C'entrava anche l'Unione Sovietica, ma non ne sapevo niente.

Con la Rivoluzione russa il mio primo contatto culturale importante fu un po' più tardi: fu nel '41. Nel '41 ero richiamato alle armi, mi trovavo a Bologna, e nell'agosto mi avevano mandato a collaudare una partita di grano nelle Marche (facevo l'ufficiale commissario, ero espertissimo nel collaudare il grano), e lì fui raggiunto da una chiamata da Roma perché stava nascendo il mio primo figlio. Bene, era l'estate del '41 ed io ebbi una licenza per paternità. Da un mese e mezzo le armate hitleriane stavano dilagando nell'Unione Sovietica, e durante questa mia licenza a Roma io lessi un libro, che fu determinante per il mio nuovo orientamento politico. Questo libro era la *Storia della rivoluzione russa* di Trockij, che circolava liberamente in versione italiana nell'edizione Garzanti che conservo ancora. Sebbene avessi già letto nell'edizione Laterza il *Manifesto del partito comunista* e il saggio di Labriola in memoria del *Manifesto*, mi mancavano molti presupposti perché queste letture fossero veramente fruttifere. La lettura di Trockij fu per me da una parte la prima informazione importante sulla rivoluzione russa e quindi sull'Unione Sovietica, dall'altra parte la prima lettura di un'opera storica ispirata al marxismo. Trockij era stato assassinato, come tutti sanno, un anno prima; sui modi e sulle ragioni di questo delitto ne sapevo poco: quello che si mormorava, ma nulla di preciso. Ma, paradossalmente fu la lettura di Trockij a condurmi dalla parte dell'Unione Sovietica così come era, cioè dalla parte di Stalin, diciamo pure. Non credo sia capitato soltanto a me. [...]

Dopo l'8 settembre riuscii a venire a Roma, e a Roma presi diretto contatto con l'organizzazione clandestina del Partito comunista che operava in città. Così, dall'ottobre del '43 al giugno del '44, fino alla liberazione di Roma, fui totalmente assorbito nell'attività cospirativa e nell'organizzazione di azioni partigiane.

C'era poco tempo per studiare, quantunque grazie al coprifuoco qualche ora per leggere non mancava, anzi era quasi obbligatorio perché se non si leggeva, sia pure a lume di candela, non si sapeva come passare la serata a meno che non ci fosse la possibilità di fare riunioni politiche. Comunque, dopo il periodo del servizio militare, ci fu un periodo di esperienza politica che assorbì tutte le mie energie, e non tanto nel periodo di lotta clandestina, quanto successivamente, subito dopo. Allora, sì, mi trovai preso a tempo pieno nell'attività politica specialmente nei primi mesi, e direi per uno e anche due anni. Non credo che tutto ciò sia stato inutile dal punto di vista della mia formazione culturale e, senza voler dare troppa importanza al mio granellino di sabbia, non credo soprattutto che sia stato inutile alla rinascita del paese che molti giovani intellettuali in quel periodo siano stati totalmente assorbiti da compiti politici. Però mi accorsi presto che quella non era la mia vocazione, anzi alla sollecitazione, che mi veniva da parte di comunisti più anziani, quelli che erano rientrati dall'esilio, di entrare a far parte professionalmente dei quadri di partito o come giornalista o come organizzatore, ebbi la forza di rispondere di no e di accettare di svolgere soltanto a mezzo tempo un'attività di carattere culturale legata al partito.

Quindi mi trovai ad essere direttore delle Edizioni Rinascita, a curare le edizioni dei classici del marxismo in traduzione italiana, e ad avviare la prima attività editoriale del partito dopo la lunga clandestinità. Poi, a partire dal 1949, e ufficialmente dal 1950, mi fu affidata la direzione della rivista *Società*, che era nata a Firenze nel 1945 per opera di Bianchi Bandinelli, Bilenchi e Luporini, e che passò poi, nel 1950 appunto, a Roma. *Società* era una rivista di cultura generale, una rivista trimestrale di orientamento marxista, ma non impegnata nella lotta quotidiana, e anzi io difesi questo carattere della rivista contro certe tendenze di attivismo che avrebbero voluto trasformarla in uno strumento di lotta politica immediata. E debbo dire che in questo ebbi il pieno sostegno di Togliatti, il quale vedeva le cose più in grande, con lungimiranza, e capiva tutta l'importanza di avere strumenti differenziati. Il responsabile della commissione culturale del Pci nel periodo in cui ero direttore delle edizioni era Emilio Sereni, un personaggio che indubbiamente ha avuto un'influenza notevole non soltanto su di me. Bisogna distinguere il Sereni studioso, l'autore di un libro come *Il capitalismo nelle campagne*, che per tutti quelli della mia generazione che avevano degli interessi storici è stato molto importante, dal Sereni politico che era – come tutti i dirigenti del partito, ma forse con un'accentuazione particolare – rigorosamente stalinista, tanto che a volte mi sorprendeva in un uomo dall'intelligenza così vivace, così creativa, questo limite dogmatico. In Togliatti, per esempio, nelle conversazioni private, questa cosa era più sfumata, non l'ho sentito mai fare delle affermazioni di carattere dogmatico: il dogma c'era, se mai, come un'autolimitazione cosciente, che lui accettava come autocensura imposta dal suo realismo politico, ma dentro questo ambito si muoveva con spregiudicatezza.

Un altro personaggio che ha avuto per me importanza politico-culturale è stato Giuseppe Berti, un uomo di grande intelligenza, di grande cultura, vivacissimo conversatore col quale si parlava, ma più che altro lo si ascoltava parlare, sia degli illuministi, sia delle vicende della Terza Internazionale, delle quali era stato attore. Le sue posizioni politiche erano nettamente staliniste, pervicacemente terzo-internazionaliste, tanto da avversare la linea di Togliatti come troppo aperta, troppo democratica, troppo lontana dalle tradizioni del movimento. Negli ultimi anni della sua vita, però, Berti era molto cambiato, come risulta anche dai suoi scritti, e allora le sue conversazioni, le sue testimonianze sulla Terza Internazionale si fecero sempre più spregiudicate e sempre più interessanti e illuminanti. Infine, se questi uomini hanno avuto importanza indubbiamente nella mia formazione politica e anche culturale, debbo dire che dal punto di vista della mia formazione di studioso di storia io sono autodidatta, cioè non sono andato a scuola dagli storici, non ho fatto una carriera universitaria, come si poteva fare allora, assistente volontario e così via, perché non ce ne è stata neanche la possibilità. [...]

Dicevo, dunque, che mi considero un autodidatta come studioso di storia. Ma durante la guerra, nel '42,[1] conobbi la persona che ha avuto poi la maggiore influenza su di me come studioso, Delio Cantimori. Non è stato mio maestro, come molti credono, cioè non c'è stato mai un rapporto di tipo universitario tra di noi: c'era un'amicizia, c'erano interessi comuni, ma io l'ho sempre considerato un maestro. Andai a parlare con lui, la prima volta, quando volevo proporre all'editore Einaudi di pubblicare la *Cospirazione per l'uguaglianza* di Filippo Buonarroti in traduzione italiana, senza sapere che lui stava studiando proprio l'argomento. I due capitoli del volume *Utopisti e riformatori sociali* li lessi dopo, perché il volume uscì nel '43. Mi dette qualche utile indicazione, mi disse che era un'ottima idea, mi incoraggiò a fare questo mio primo modesto lavoro, cioè la traduzione del libro di Buonarroti con una breve prefazione, che apparve nel '46. [...]

1. A proposito di questa datazione cfr. *supra*, nota 35.

Cantimori mi è stato di guida, non perché mi abbia mai fatto lezione, non perché mi abbia adottato come allievo volontario, ma perché attraverso la sua conversazione si imparavano molte cose. Ed è stato l'unico storico che io possa considerare come mio maestro. Il suo rigore filologico, la ricchezza mai ostentata della sua cultura, il richiamo a leggere criticamente, a capire le cose nei loro termini obiettivi, a osservare con l'occhio dello storico anche la realtà del nostro tempo: tutto questo fu per me scuola, senza alcuna formalità scolastica. Cantimori era timidissimo in politica, era orientato da tempo verso il Partito comunista, ma non si iscrisse subito dopo la guerra, anche perché aveva un passato fascista e non lo nascondeva affatto, un passato fascista giovanile dal quale era uscito soltanto verso la metà degli anni '30. Però era informatissimo sulle cose della cultura contemporanea, conosceva le cose della Germania, conosceva il nazionalsocialismo forse meglio di ogni altro in Italia, e conosceva Marx. Avevamo in comune l'interesse verso la storia del socialismo, verso il marxismo, verso la rivoluzione russa: che era un'esigenza politica, ma che volevamo trattare come materia di studio. E Cantimori era un bel pezzo più avanti di me in questi studi: la sua opera di critico dei critici di Marx in questo periodo stata molto importante.

Caracciolo: *È stato allora che hai iniziato i tuoi studi di storia del movimento operaio?*

Manacorda: Sì. A questo punto, siamo dopo la guerra, siamo nel '46. I miei interessi politici mi avevano suggerito il campo delle mie ricerche. Mi interessavo, insomma, di storia del socialismo, di storia del movimento operaio, e questo era perfettamente conforme al mio bisogno di approfondire la mia coscienza politica, le ragioni della mia scelta. E, d'altra parte, non ero solo in questa ricerca. C'era allora un interesse vivissimo per studi di questo genere, come è testimoniato dall'attività editoriale e dagli scritti apparsi in questo campo. Il socialismo premarxista era stato studiato da Cantimori, altri andavano studiando il giovane Marx, insomma c'era una tendenza generale agli studi di storia del socialismo che puntava verso le origini, secondo uno schema di ragionamento che si potrebbe, ridotto all'osso, formulare così: voglio sapere cos'è il socialismo, quindi comincio a studiarlo dal principio. E qui si colloca la mia scelta personale. Abbandonai il campo della storia del pensiero socialista che avevo cominciato a studiare pubblicando Buonarroti, e mi misi a studiare le origini del movimento operaio in Italia con la prospettiva di portare poi avanti la ricerca in una futura storia del movimento operaio italiano, che non è mai venuta.

Il primo saggio basato sulla ricerca che pubblicai si intitolava *Sulle origini del movimento operaio in Italia* e apparve su *Società* agli inizi del '47. [...] Da allora, per diversi anni, mi sono dedicato a questo argomento, e da lì è nato il volume *Il movimento operaio italiano attraverso i suoi congressi*, che ricostruisce la storia delle organizzazioni operaie in Italia dal 1853 al 1892.

L'origine di questo libro è un po' curiosa. Io mi ero messo a studiare i congressi operai come punti di riferimento essenziali per una prima conoscenza, perché, in assenza di studi sul movimento operaio degni di questo nome, c'era da fare un lavoro di primo scavo: le serie dei congressi offrivano un asse provvisorio, e all'inizio non pensavo assolutamente di farne un libro, né, tantomeno, pensavo che un libro di questo tipo avrebbe avuto la possibilità di aprirmi le porte dell'università. Non ci pensavo proprio. Ebbi uno scambio di idee con Togliatti su questa ipotesi di lavoro che lui accolse molto bene, e mi offrì di pubblicare la ricerca in una serie di supplementi di *Rinascita* (tra parentesi, io avevo già curato qualche supplemento di *Rinascita*, precedentemente, sul marxismo, e Togliatti voleva proseguire la pubblicazione di supplementi culturali alla sua rivista mensile). Mi ricordo che gli chiesi: «Ma vogliamo limitarci ai congressi?» e lui mi rispose: «Sì, limitiamoci ai congressi» e diamo questa ossatura; che era una limitazione, come ho detto prima, imposta per me dai limiti delle mie conoscenze, dalla necessità di dare una prima trama documentata alla conoscenza della materia, ma che nell'indicazione di Togliatti voleva forse dire anche qualche cosa di diverso, cioè che la storia del movimento operaio, la storia del partito dovesse essere fatta in qualche modo dal partito soggetto collettivo, e che a me dovesse toccare per il momento il compito di raccogliere il materiale.

Nel corso del lavoro, man mano che uscivano i supplementi di *Rinascita*, – e debbo dire che ebbero buona accoglienza dai lettori –, man mano che vedevo crescere nelle mie mani questa storia, vedevo crescere i problemi che vi erano connessi, e mi riproponevo, finita la serie dei supplementi, di riprendere tutta la materia e rifonderla in un libro di struttura diversa. Ma è difficile fare un lavoro e poi rifarlo. E poi ci sono esigenze pratiche. Ad un certo punto si cominciò a porre il problema anche di una mia presenza universitaria. Cantimori mi incoraggiò a raccogliere la storia dei congressi in volume, a scrivere un'introduzione e pubblicarla così. E poi mi disse: se avrai voglia di seguitare a lavorare, potrai sempre farlo. Il libro uscì alla fine del '53 e mi fruttò la libera docenza, nel '55, in Storia del risorgimento, perché la Storia contemporanea non esisteva ancora. Anzi, ci furono accordi, come si usa nel mondo accademico, tra Chabod e Cantimori: Chabod dette il suo benestare per il mio passaggio alla libera docenza in Storia del risorgimento.

Così questo libro, nato in questo modo, si trovò a servire ad uno scopo al quale, in realtà, non era in origine destinato. Però le ossa me le sono fatte con quella ricerca, con cui ho imparato l'abc del mestiere, ho imparato a lavorare direttamente sulle fonti, a dare una certa struttura al materiale così raccolto, a rifuggire attentamente da ogni pregiudizio, da ogni tesi precostituita, a scoprire, insomma, il crescere di un fenomeno politico-sociale in base alle fonti disponibili. Mi è rimasto sempre il rammarico di un'opera che voleva soltanto essere lo scheletro, che non è stata l'opera che avrei voluto scrivere. Soprattutto ero consapevole, alla fine del lavoro, che il limite era quello di una storia dell'organizzazione operaia e non del movimento, né tantomeno la storia del formarsi di una classe operaia moderna in Italia. Tutte tematiche alle quali si è giunti dopo. Io credo, tuttavia, che il suo posticino nella storia di questi studi quel libro ce l'abbia, a quanto dimostrano le successive ristampe.

A me però, come è giusto che succeda, dopo aver licenziato quel volume si ponevano altri temi. Ho già detto dell'interesse politico iniziale che mi aveva spinto verso la storia dell'Italia post-risorgimentale. La storia dei congressi operai era una prima realizzazione di questo interesse, ma il movimento operaio fino al 1892 non era l'asse della storia d'Italia, e io ne ero perfettamente consapevole, ovviamente. Mi interessava invece la storia dell'Italia liberale, delle sue classi dirigenti, dello Stato, la storia dell'Italia pre-fascista che, pensavo, mi avrebbe dato le chiavi per capire le origini del fascismo e così via fino all'epoca che avevo vissuto direttamente.

Ma intanto, cosa importantissima, si erano sviluppati gli studi di storia dell'economia italiana. Ho già citato Sereni, vennero poi i saggi di Romeo su *Ri-*

sorgimento e capitalismo e le polemiche che seguirono. Cafagna, su mio invito, scrisse un articolo per *Società*: «Agricoltura accumulazione». Ci fu l'importante intervento di Gerschenkron, insomma tutto quel movimento molto interessante, quella svolta della storiografia sull'Italia liberale, che mi colse quando mi trovavo, nel corso della mia ricerca, sulle soglie dell'ultimo decennio del secolo scorso e avevo già l'intenzione di studiare il periodo crispino e la crisi di fine secolo, fin agli inizi dell'età giolittiana. L'irrompere di queste tematiche di storia del capitalismo italiano fu per me illuminante. Cominciai con la storia del primo ministero Giolitti, ma ancora non avevo messo a fuoco il problema. Pensavo a Giolitti come protagonista, al primo Giolitti per capire come viene poi fuori il secondo Giolitti, quello «vero» all'inizio del secolo.

Il primo movente della mia scelta era stato questo. Ma poi, a mano a mano che approfondivo la ricerca, mi accorsi che avevo toccato un altro punto non meno importante, quello delle politiche economiche dei governi italiani nel periodo della crisi e prima dell'inizio dello sviluppo, che parte dal '96. Così il libro si sviluppò soprattutto come una ricerca sulla crisi delle banche, sulla nascita delle nuove strutture del credito, sul riordinamento finanziario cominciato da Giolitti con la legge sulla Banca d'Italia e proseguito da Sonnino con l'applicazione di quella legge riveduta e corretta, e con la riforma fiscale del '94. In altri termini, diventò una ricerca che aveva come centro l'azione dei governi, ma soprattutto del governo Crispi-Sonnino, in preparazione dello sviluppo di fine secolo dell'economia italiana. Se non erro, viene in chiaro da questo lavoro come ci sia stato, negli anni della crisi, e mentre perdurava ancora la crisi, un'azione di governo, o favorita dal governo, che aveva razionalizzato molti aspetti della struttura creditizia e finanziaria italiana, ponendo le basi dello sviluppo. Quindi una ricerca che mi ha dato grandi soddisfazioni e che considero il mio lavoro principale, ma che ha circolato poco perché l'edizione definitiva non è mai uscita.

Intorno ai temi della storia di fine secolo ho pubblicato anche altre cose, ad esempio l'introduzione ai *Souvenirs* di Luigi Pelloux, e sono ritornato sul problema dei Fasci siciliani. E, naturalmente, l'insegnamento universitario a Catania, che ho cominciato nel 1965 e che ho proseguito per undici anni, mi ha portato a contatto con la realtà del Mezzogiorno, e mi ha aperto nuovi problemi che ho lasciato in eredità per buona parte ai miei scolari, alcuni dei quali li hanno già egregiamente sviluppati.

Debbo dire, però, che l'insegnamento universitario mi ha posto anche problemi nuovi. Il fatto di aver vinto una cattedra di Storia contemporanea, mi ha spinto a dare all'insegnamento un'impostazione più larga che non fosse soltanto quella della storia d'Italia. Non mi soddisfaceva, non mi sentivo, diciamo così, con la coscienza a posto, insegnando Storia contemporanea come una prosecuzione della storia del Risorgimento. Questa, l'ho detto, era stata una problematica viva per me, ma l'età contemporanea considerata nel suo complesso, non poteva certo ridursi a Crispi, Giolitti, ai problemi pur interessantissimi dello sviluppo italiano, al fascismo, insomma l'Italia doveva essere vista come parte di un contesto assai maggiore. Per questo, fin dall'inizio, o per lo meno subito dopo i primi anni di rodaggio dell'insegnamento universitario, ho sempre cercato di affrontare nei miei corsi temi più larghi, sulla base di una riflessione fondamentale: che il mondo contemporaneo è un mondo unificato, nel quale la storia è diventata sempre più storia mondiale, storia universale, e la storia dei singoli paesi va vista a sua volta nel quadro di questi legami complessi. [...]

II.
Nascita di una rivista di tendenza[*]

La decisione di fondare una rivista di storia fu presa in una riunione nella sede dell'istituto Gramsci, in via Sicilia, nell'autunno del 1958. Eravamo una decina di persone, forse meno, ma non sono in grado di fare con sicurezza i nomi di tutti i presenti, e d'altra parte sono certo che non si tenne un verbale. C'erano – mi pare – Franco Della Peruta, Giuliano Procacci, Ernesto Ragionieri, Rosario Villari, Renato Zangheri, e mi scuso per gli altri che non ricordo. Ci aveva convocati Mario Alicata, in veste di membro della direzione del Pci, responsabile della sezione culturale, con lo scopo di verificare quale fondamento reale avesse la proposta già circolata in conversazioni singole. L'invito significava che c'era un «editore» disposto ad assumersi l'impresa una volta accertata

* Gastone Manacorda, *Nascita di una rivista di tendenza*, prefazione a *Studi Storici – Indice 1959-1984*, Roma, Editori Riuniti, 1985 (poi in Id., *Il movimento reale e la coscienza inquieta*, pp. 293-297).

la disponibilità e la volontà delle forze operative. Lo sconquasso politico del '56 aveva lasciato il segno anche nell'organizzazione dei nostri studi e delle riviste. I giovani storici di ispirazione marxista avevano avuto fino allora a loro disposizione da una parte una rivista specializzata come «Movimento operaio» e, dall'altra, una rivista come «Società», che concedeva spazio alla storia senza limitazioni tematiche, ma era pur sempre caratterizzata come rivista di cultura generale. Col '56 «Movimento operaio» cessò le pubblicazioni, e «Società» visse ancora un triennio ma mutò direzione e caratteristiche.

La discussione svoltasi sulle pagine di «Movimento operaio», ma anche in altre sedi a partire almeno dal '54, aveva rivelato una diffusa insoddisfazione verso l'identificazione che si era venuta stabilendo, – sia pure solo di fatto, perché nessuno l'aveva teorizzata –, fra indirizzo storiografico marxista e privilegiamento di una tematica storica limitata, quasi che ai marxisti fosse riservato il compito «corporativo» e «subalterno» di occuparsi solo (o quasi) della storia del movimento di cui essi medesimi erano parte. Una sana reazione, incoraggiata anche da rari e discreti, ma chiari, suggerimenti politici, venne dal gruppo stesso dei giovani storici di mestiere, che, se si riconoscevano nel marxismo e nel pensiero di Gramsci, avevano tuttavia già dimostrato di voler affermare le proprie idee nella concretezza del lavoro di ricerca e di critica allargato anche a temi che nulla avevano a che vedere col movimento operaio. La nascita di «Studi Storici» fu, dunque, il punto di approdo di un processo di chiarificazione all'interno di quel nucleo di studiosi e un atto consapevole di reazione al pericolo di disgregazione cui li avevano esposti le vicende del' 56-57. Ma, considerata a venticinque anni di distanza appare anche elemento non trascurabile di un movimento di riassetto delle riviste storiche in Italia, che vide la «Rivista storica italiana» e la «Nuova rivista storica» rinnovare i loro organismi direttivi, e nascere «Critica storica».

Quel che comincia ad apparire chiaro oggi non è detto, però, che fosse chiaro e semplice allora. Prendere l'iniziativa di dar vita a una rivista storica, di storia generale, da parte di un gruppo di giovani studiosi (nessuno cattedratico) era un atto a dir poco di anticonformismo, e quasi un venir meno a certe buone regole non scritte. E perché tutto ciò non apparisse sfida velleitaria c'era una sola via da percorrere, quella della qualità del prodotto, in base al quale saremmo stati giudicati. Questa fu la scelta fondamentale, e a tanti anni di distanza mi sembra ancora una scelta saggia e coraggiosa.

La coerenza con questa scelta si spinse fino a fare uscire il primo numero della rivista senza un programma, senza una dichiarazione d'intenti, e fu una decisione da qualcuno criticata, da altri esplicitamente apprezzata sia all'interno del gruppo promotore, sia all'esterno. Era prevalsa fra noi l'opinione che per qualificarci apertamente – si direbbe oggi – come «area» fosse più che sufficiente il nome dell'editore. E si scelse la sigla «Istituto Gramsci editore», che non era fino allora mai comparsa e, se non erro, non comparve neppure in seguito su nessun altro periodico. Quel nome editoriale diceva chiaramente molte cose: era, in primo luogo, una dichiarazione di non neutralità «ideologica», di non accademismo, di non identificazione della scienza storica con la storiografia neutra pura asettica e senza idee; e, in positivo, dichiarava altrettanto apertamente ascendenze di pensiero, orientamenti ideali, preferenze tematiche, che però si volevano non vincolanti e si esprimevano, quindi, solo come orientamento generale. Una dichiarazione programmatica, invece, ci avrebbe portati a fare promesse che non eravamo sicuri di mantenere o, rischio più grave, ci avrebbe indotti scivolare nell'astrattezza delle enunciazioni di principio e di teoria. E poi eravamo, in maggioranza, consapevoli che non sarebbe stato facile concordare fra noi il testo di un programma, e anzi che il nostro progetto di riaggregazione sarebbe forse fallito se ne avessimo tentato una definizione ideologica. Era chiaro, infatti, almeno per una parte di noi, che la crisi politica e ideale del '56-57 aveva le sue radici in un eccesso di ideologia, e che occorreva rimuovere un blocco di certezze teorico-pratiche che, al limite, contraddicevano la libertà di ricerca e ottundevano lo spirito critico. La crisi, ripensata in questi termini, poteva avere uno sbocco costruttivo solo se ci fossimo qualificati col fare concreto, assai più che col riaffermato ancoramento a formule di principio o comunque, con il richiamo a un pensiero consolidato. La sobria indicazione editoriale, invece, definiva a sufficienza la «tendenza» (mi pare che si facesse uso proprio di questa parola), con tutto ciò che vi era implicito e che si sarebbe reso esplicito nel corso del lavoro. Nonostante i contrasti, anche abbastanza vivaci, la volontà di presentarci come nucleo omogeneo prevalse, e su queste basi si vennero affermando alcuni criteri che definivano le comuni intenzioni: uscire da ogni limitazione settoriale del nostro campo d'azione; fare, quindi, una rivista di storia generale, anche secondo una prevalenza, praticamente inevitabile, del moderno-contemporaneo; misurarsi con i problemi di fondo della storiografia contemporanea, selezionando le scelte tematiche, e anche ricorrendo largamente a collaborazioni straniere (fu messo quasi subito in cantiere il numero doppio sulla Rivoluzione industriale, cui seguì più tardi quello su Agricoltura e sviluppo del capitalismo); far circolare le idee con piena libertà specialmente attraverso le rubriche critiche. Larghezza nell'indirizzo, dunque, ma intransigenza nella qualità. E tanto era il nostro bisogno di reagire all'ideologismo che il marxismo, la storia del pensiero socialista, lo stesso Gramsci non furono temi privilegiati. Una rivista «di tendenza» così intesa non significava affatto chiudersi in un gruppo prestabilito di collaboratori, ma aprirsi, anzi, ad ogni contributo valido e originale. Lo scopo era, semmai, quello di rompere il possibile nostro isolamento senza disperdere il nucleo originario e le sue ramificazioni.

A questa esigenza, – di presentarsi come tendenza ma aperta –, si ispirò anche la decisione, più contrastata, di affidare la rivista a un direttore unico, senza neppure affiancargli un comitato. Fui io a volere questa soluzione, perché temevo che un comitato significasse una definizione rigida del gruppo promotore e quindi, in qualche modo, una chiusura. Per indicare «di chi» era la rivista, non solo in senso patrimoniale, doveva bastare, ancora una volta, la formula «Istituto Gramsci editore». Senza comitato formalmente costituito si tennero, tuttavia, sempre, con composizione varia, riunioni per la preparazione della rivista, ma solo quattro anni dopo fu costituito un comitato direttivo composto da Procacci, Ragionieri, Villari, Zangheri, oltre che dal direttore. Il quale, nel frattempo, aveva avuto modo di meditare sulla impoliticità della propria tesi, prevalsa al momento della fondazione, che lo aveva messo in una posizione difficile accollandogli tutto il lavoro, e lasciando agli altri, in veste di consulenti non corresponsabili, solo il sacrosanto diritto di critica.

Mi accorgo, però, che non ho detto come e perché fui nominato direttore. La designazione venne dai presenti alla riunione dell'autunno '58 e, per quel che ricordo, fu unanime o, almeno, non ci furono proposte alternative. Ne fui un po' sorpreso perché, fra i presenti, ero il più esitante a dare il via all'iniziativa, il più dubbioso sulle sue possibilità di successo, e anche perché non mi avrebbe stupito una riserva di carattere politico nei miei confronti, che, invece, non ci fu.

Alicata, con il quale nel novembre del '56 avevamo avuto contrasti aperti, fu immediatamente disposto ad accogliere l'indicazione del mio nome, e questo fece cadere ogni mia riserva, anche perché ebbi garanzia che l'autonomia della rivista dal potere politico e dalla stessa direzione dell'Istituto Gramsci sarebbe stata pienamente rispettata, come di fatto avvenne. [...].

Gastone Manacorda e Cesare Pavese (Tutte le fotografie sono state gentilmente messe a disposizione da Giorgio Manacorda, che qui si ringrazia).

Gastone Manacorda (a destra) e György Lukács, nella sede degli Editori Riuniti.

Gastone Manacorda al tavolo di lavoro nella redazione di «Studi Storici».

Indice dei nomi

Storici e storiche nell'Italia unita.
Le autobiografie

1. Agostino Bistarelli, *Claudio Pavone*. 2022
2. Roberto Pertici, *Roberto Vivarelli*. 2022
3. Edoardo Tortarolo, *Giuseppe Galasso*. 2022
4. Aurelio Musi, *Ruggiero Romano*. 2022
5. Antonella Amico, *Gaetano De Sanctis*. 2023
6. Leonardo Rapone, *Gastone Manacorda*. 2023

In preparazione:

Francesco Torchiani, *Delio Cantimori*

Marcello Verga, *Mario Mirri*

Maria Antonietta Visceglia, *Elena Fasano Guarini*

Finito di stampare
nel mese di aprile 2023
da The Factory s.r.l.
Roma